신앙과 현실

– 그리스도교적 사유를 위한 작은 기여 –

Glaube und Wirklichkeit

신앙과 현실

– 그리스도교적 사유를 위한 작은 기여 –

Glaube und Wirklichkeit

볼프하르트 판넨베르크 지음 | 박영식 옮김

종문화사

1) * 표시는 옮긴이의 설명임
2) 본문 각주는 옮긴이가 부가 설명한 것임

차례

서문

이 책에 포함되어 있는 강연과 논문들은 주로 특별히 전문 신학적 성격을 지닌 것이 아니라 광범위한 독자층을 위한 것이다. 특히 그리스도교의 신앙전승과 오늘날의 현실경험의 대결이라는 일관된 주제 때문에 여기에 함께 포함된 논문들 중에는 물론 학문적으로 만만치 않은 작업들도 있다. 개별 기고문들은 1960년에서 1974년 사이에 게재되었다. 본문의 형태는 양식상 고르지 못한 부분과 오기를 삭제한 것을 제외하면 원래 그대로다.

첫 번째 기고문은 책 전체의 주제를 이끌며, 하나님 질문과 현실이해의 연관성을 다룬다. 두 번째 기고문은 앞의 글보다 7년 앞서 쓴 것이지만 성서의 현실이해가 이스라엘의 하나님 경험으로부터 어떻게 형성되었는지를 보여주고자 했다. 이를 통해 하나님 이해와 현실이해의 연관성에 관한 내 신학적 관심사가 특히 역사신학적 착상과 관련해서 구약성서의 주석으로부터 유래했음을 분명하게 인식시키고자 했다. 이것을 나는 나의 스승 게르하르트 폰 라트에게서 배웠다. 그 이후 수년 동안 나는 현실이해와 관련해서 근대 자연과학의 의미를 더 깊이 고려했으며 역사라는 주제에 의해 조형된 현실의미에 이를 편입시켰다. 첫 번째 기고문과 더불어 세 번째 기고문도 이것을 말하고 있다. 세 번째 기고문은 가장 광범위하게 조직신학적 개념형성의 모험을 감행함으로써 자연과학이 던져준 문제점을 개선하고자 했다. 여기서 암묵적으로 중요한 점은 진화론이 자연을 역사로서 이해하도록 한다는 사실이다. 네 번째 기고문은 생명의 일반적 현상에서 인간과 그의 숙명에 관한 질문으로 관심을 돌렸고, 인간의 역사에 관한 질문을 이어나갔다. 이 질문은 연이은 역사신학적 논문에서 수용되고 계속된다.

이 네 개의 기고문은 60년대 초반에 쓰였는데, 나의 역사신학적 착상이 확장되던 첫 번째 단계의 글이다. 내 주장을 개신교 학자층에 더 널리 공개하기 위해 간소하게 서술함으로써 이 시기에 특징적이었던 강조점, 즉 신앙을 역사적 경험으로부터 유래한 지식에 정초시켰던 점이 특히 날카롭게 드러났다. 이 글들은 우선 널리 통용되던 비합리주의적 주관주의에 대항해서 쓰였다. 비합리주의적 주관주의에 따르면 신앙의 내용은 신앙의 결단을 통해서만 눈에 들어오고, 따라서 신앙인에게만 인식되거나 어떤 경우에든 오직 그에게만 이해될 수 있고 설득력이 있다.

또한 이 기고문들은 주관주의에 의존하는 권위적 신앙에 반대하여 기술되었다. 여기서도 마찬가지로 신앙의 내용은 이성적인 검증에서 벗어나 있으며 신앙의 순종을 특징으로 하는 복종을 이해의 선제조건으로서 요구한다. 물론 이 복종은, 하나님의 말씀이라고 제시되었지만 그렇게 증명될 순 없었던 케리그마의 권위나 성서 안에 증언된 계시의 권위에 대한 복종이다. 이러한 권위적 신앙은 오늘날 주관주의에 빠졌다. 왜냐하면 그런 식의 증명될 수 없는 권위적 주장은 오직 비합리적 결단을 통해서만 수용될 수 있기 때문이다. 이에 대해 나는 예전과 마찬가지로 유대교와 그리스도교의 신앙은 역사적 경험들과 그 의미에 대한 숙고로부터 자란다는 견해를 오늘날에도 취한다. 오늘날 신앙을 파악하고 검토하는 일은 우선 그 내용에 관한 지식을 요구하며, 그런 점에서 그에 대한 역사적 지식과 그 유효범위에 관한 통찰이 중요하다.

하지만 접근할 수 있는 이론적 확실성의 정도에 대해 당시 내가 표현했던 부분과는 오늘날 다르게 판단하고 있다. 당시에도 그렇게 생각했으나 아직 완전하게 파악되진 못했던 통찰, 즉 하나님의 계시에 대해 역사 안에서 우리가 갖게 되는 지식의 잠정성과 이와 결합된 지식의 다원성 자체가 이러한 계시의 내용적 구조에 속한다는 통찰이 그사이에 내게 점차 더 중요시되었다.

여덟 번째 기고문은 내가 여기서 처음으로 시도한 것이다. 성서 본문에서 도출하여 오늘날 철학적이고 신학적인 문제의식의 빛에서 확장된 역사신학적 착상을 그리스도교의 역사와 특히 근대의 역사에 적용하였다. 이러한 시도는 그다음 기고문에서 이런 과제로서는 중요한 주제, 즉 정치적 보편주의와 민족주의의 관련성이란 주제로 이어졌고, 또다시 마지막의 윤리적 기고문과 연결된다.

그 이후로 그리스도교와 그의 세계 역사에 관한 신학적 해석의 문제들은 나를 쉴 틈 없이 바쁘게 만들었다. 따라서 민족의 개념을 여기 제시된 기고문과는 또 다른 빛에서 조명할 수 있는 관점도 생겨났다. 여기서는 민족주의를 그리스도교 보편주의와는 아주 다른 낯선 이데올로기로 여긴다면, 그사이에 나는 민족주의가 그리스도교의 역사세계 안에서 그리스도교의 자극으로 매개되었다는 확신에 도달했다. 특히 중세 초기에, 그리고 또한 17세기의 영국과 북미, 그리고 근대 유럽의 민족국가에서 민족주의는 새로운 하나님의 백성인 그리스도교의 정치적 통일성이 파괴되었을 때 이스라엘 백성의 선택사상을 유비적으로 자기 민족에서 전가한 선택신앙의 형태로 제시되었다. 그리스도교 문화권 안에서 발생하는 민족주의를 비판적으로 평가하는 신학적 모티브로 인해 민족주의와 그리스도교 보편주의가 대립한다는 판단에서 바뀐 것은 아무것도 없다. 이런 점에서 오늘날에도 나는 여전히 이전 견해를 지지한다.

아홉 번째 기고문에 대해선 좀 더 특별한 언급이 필요하다. 이것은 1965년에 기독교민주연합(CDU) 정당의 개신교 연구모임에서 행한 강연으로서 민족주의적 경향을 선망하는 자들에 대한 경고였다. 이 강연은 당시 독일의 동쪽 국경선과 관련된 문제에 실질적으로 적용될 수 있었다. 강연 내용은 오늘날에는 전혀 낯선 것으로 들리지 않으며 정치적 현실로 광범위하게 수용되었다. 하지만 독일개신교협의회(EKD)가 1965년에 동방정책에 대한 성명서

(Ostdenkschrift)*를 아직 발표하기 이전에 이 강연은 격렬한 반응을 불러일으켰고, 심지어 익명의 협박 편지들이 쇄도하기까지 했다. 시대적 연관성이 중요하지만 그러한 문장들은 당시의 형태로 그대로 기술되었더라도 좋았을 것이다. (첫 번째 출간에서 덧붙여졌던 각주들이 여기선 빠졌다.) 민족주의적 이념에 대한 거센 비판에도 당시 내가 인정했던 제한적인 권리는, 독일의 민족적 상황을 고려할 때, 오늘날에도 여전히 적합한 것으로 여기고 싶다.

1975년 3월, 뮌헨
볼프하르트 판넨베르크

* Die Lage der Vertriebenen und das Verhältnis des deutschen Volkes zu seinen östlichen Nachbarn. Eine evangelische Denkschrift(추방자들의 상황과 독일 민족과 그의 동쪽 이웃의 관계. 개신교 성명서)라는 이름의 이 문서는 독일의 동쪽 국경선에 대한 권리문제를 언급하며 독일의 반성과 포기를 촉구하고 있다.

우리의 삶은 하나님 손에 있는가?

우리 삶의 현실은 하나님과 관계가 있는가? 이 질문은 오늘날 그리스도인을 불안하게 하는 절박한 질문이다. 우리의 삶과 하나님 사이에 아무런 연관이 없다면 하나님에 대한 모든 말은 공허하게 될지도 모른다. 만약 우리가 하나님의 뜻을 고려하거나, 하나님이 어떤 일을 하실 것이라고 기대하는 것이 쓸데없다고 생각하고 그저 그렇게 우리 삶을 계획하고 살아간다면, 하나님을 창조자, 세계를 유지하시는 분, 역사의 주님으로 선포하는 것은 도대체 어떤 의미가 있을까? 점점 더 많은 사람이 전승된 종교언어를 더는 장엄하게 사용할 수 없다는 사실이 실제로 그렇게 놀랄 일은 아니다. 하나님 없이도 삶은 아주 잘 돌아가는 것처럼 보인다.

또한 이와 관련해서 하나님이라는 단어는 점점 일상용어에서 사라지고 있다. 하나님에 대한 회상이 우리의 생활세계와 주변 관계들에 필수적이며 모든 것을 지탱하는 토대가 되는 대신, 실질적인 생활과 자유로운 삶의 즐거움을 방해하는 다소 성가신 걸림돌이 되었다. 적지 않은 사람들이 이런 걸림돌을 거부하고 있다.

하나님에 관한 언급이 이처럼 현실성을 잃어버렸는데, 그리스도인들은 어떻게 반응해야 할까? 당연히 가장 단순한 방법은 이런 변화들에 자신을 차단시켜 놓고 전통적인 그리스도교의 언어와 세계관 속으로 기어들어 가는 일이다. 만약 그리스도교의 하나님 신앙에 대해 호의적이지 않은 이런 시대적 상황이 금방 지나가 버릴 유행에 지나지 않는다고 생각한다면, 이런 태도도 의미가 있을 것이다. 그러나 모든 징후가 암시하듯이, 인간의 생활세계가 그동안 전승된 종교적 사유방식에서 해소되고 자립하면서 현실이해에 대한 심층적이며 장기적인 변화가 일어났다. 만약 하나님에 대한 그리스도교적 언급이 점점 더 현실감을 상실하게 되는 것을 그리스도인들과 신학자들이 원하지 않는다면, 이들도 변화하는 현실이해에 과감히 참여해야만 한다.

그리스도교 사상가들 중에 매우 사려 깊은 이들은 그리스도교의 하나님 사유가 근대적 삶의 현실성에서 분리된 것을 종교언어의 문제로 이해하려고 한다. 이들은 하나님 자신이 아니라, 하나님에 대한 기존의 특정한 이해가 더는 유지될 수 없다고 보았다. 하나님 죽음에 대한 언급은 하나님에 관한 구시대적 이해의 종말을 확정할 것이다. 그러나 이것을 하나님 자신의 실재성과 동일시하는 것은 잘못이다. 하지만 이렇게 주장하려면 영적인 존재를 세계의 제1원인으로 생각했던 유신론적 표상들에 반대하여, 도대체 어디에 하나님의 본래적인 실재성이 놓여있는지를 제시할 수 있어야만 한다. 또한 하나님을 배제하면 우리 삶의 현실도 이해되지 않는다는 사실을 새롭게 보여줘야만 한다. 이제 우리는 이 세계 내의 인간 상황에 대한 오늘날의 이해와 삶에 대한 전(前)근대적이며 종교적인 이해를 분리하는 그 거리감을 좀 더 분명하게 살펴볼 것이다.

먼저 자연에 대한 이해를 보자. 중세시대에는 불변하는 제1원인이라는 전제 없이는 자연의 과정들을 이해할 수 없었다. 왜냐하면 그렇지 않다면 자연의 변화에 대해 또다시 어떤 원인을 찾아야만 하기 때문이었다. 불변성으로부터 제1원인이라는 영적인 존재(Geistigkeit)에 이르게 되고 결국엔 인격적 하나님에 관한 생각에 도달하게 된다. 제1원인을 모든 자연적 과정의 어떤 첫 시작으로 생각할 필요는 없다. 하지만 적어도 자연적 과정들이 마비되지 않고 활동하도록 돌보고 유지하는 최초의 원인에 대한 사상은 필요했다. 즉, 모든 운동이 정지 상태에 이르지 않도록 지속적인 충동이 필요하다고 믿었다.

하지만 하나님의 지속적인 활동성이 없다면 자연의 모든 운동은 멈추게 될 수밖에 없다는 생각은 17세기에 관성의 법칙이 도입되면서 불필요하게 되었다. 자연으로부터 서서히 하나님이 제거되는 이런 사상의 의미를 물론 과대평가할 필요는 없다. 관성의 원리에 따르면, 모든 피동적 물체는 외부적인 영향에 의해 방해받거나 가속화되지 않는 한, 그 자체로 자신의 운동을 지속하려는 경향을 가진다. 따라서 자연의 운동이 지속되는 것은 이 모든 사건을 관통하는 무한한 힘 때문에 가능하다는 설명은 이제 필요하지 않으며, 운동의 지속성은 그 자체로 자명한 것이 되었다. 운동은 그 자체를 통해 그 자체로 지속된다. 관성의 원리는, 세계는 그 자체로부터 이해될 수 있다는 사상이며 세계이해를 종교적 전제들로부터 해방시킨 최초의 근본적인 범례를 형성한다.

이와 동일한 원리에 대한 다른 예를 근대의 생명에 대한 이해에서 찾을 수 있다. 근대 이전의 그리스도교 사상은 생명, 특히 인간의 생명은 신적인 영(Geist)의 살리는 활동에 의존하고 있다는 확신 속에 살았다. 따라서 하나님께서 피조물에게 자신의 얼굴을 숨기시면 피조물들은 당황하게 된다. 따라서 우리는 시편 104편에서 다음의 구절을 읽게 된다. "주님께서 호흡을 거두어들이시면 그들은 죽어서 본래의 흙으로 돌아갑니다. 주님께서 주님의 영을 불어넣으시면, 그들이 다시 창조됩니다. 주님께서는 땅의 모습을 다시 새롭게 하십니다."[01] 이러한 표상에 따르면 생명체를 살리시는 하나님의 영은 봄철에 지표면을 초록빛으로 물들게 하는 풍요로운 바람과 동일시된다. 여기서는 여전히 생명의 원천이 전적으로 초월적인 것으로 사유된다.

이와 비교할 때 중세의 사유는 영혼이 육체에 생명을 불어넣는 원리라고 가정함으로써 이미 생명체에 어떤 자립성(Selbständigkeil)을

---

01 시편 104편 29-30절.

인정해 주었다. 그러나 이때까지도 여전히 영혼 자체의 원천은 직접적으로 하나님에게로 소급되었다. 근대에 와서 생명현상의 원천은 살아있는 물질로 완전히 옮겨졌다. 곧 살아있는 세포가 모든 생명현상의 원리로서 인정되고 생명의 과정에 대한 해명을 위해 생명을 불어넣는 영혼이라는 생각을 도입할 필요성은 전혀 없었다. 운동뿐 아니라 생명도 정말 전적으로 그 자신으로부터 이해된다는 점에서 분명 관성의 원리가 끼친 영향력과 평행을 이룬다. 개별 생물체의 생명 재생과정과 종(種)의 번식과 성장도 생명의 자기전개로서 기술될 수 있으며 살아있는 세포 안에서 일어나는 과정들을 통해 촉진된다. 이러한 관찰방식의 절정과 결론으로서 무기물로부터 살아있는 세포가 생성된다는 주장은 오늘날 가능한 것으로 받아들여진다. 생명의 신적인 원천에 대한 전통적인 이해는 생명의 자기조정과 자기전개라는 생각 속에 아무런 자리도 더는 가질 수 없게 되었다.

마지막 예로 인간의 역사를 주목해 보자. 지금까지의 그리스도교적 관찰방식에 따르면 역사는 하나님의 섭리와 통치의 고귀한 장(場)이었다. 이때 인간은 주체가 아니라 오히려 하나님의 결정들의 대상일 뿐이다. 각각의 인간들에게 축복과 저주의 시간을 부여하고 죽음의 순간들을 결정하는 분이 바로 하나님이다. 게다가 하나님은 거대한 사건들의 과정, 즉 민족들의 운명과 전쟁의 결과도 결정한다. 잠언의 표현에 따르면, 인간의 계획과 그 행위의 결과 사이에는 차이가 있다. "사람이 마음으로 자기의 앞길을 계획하지만, 그 발걸음을 인도하시는 분은 주님이시다."[02] "전쟁을 대비하여 군미를 준비해도, 승리는 오직 주님께 달려 있다."[03] 인간은 그 행위를 통해 역사에 참여하지만, 그의 근시안적 계획들과 시도들은 하나님께서 역사 안에서 이끄시며 인간의 행위들을 이용하여 도달하게 하는 전혀 다른 목적들에 기여할 뿐이다.

이와는 달리 근대의 역사이해는 인간을 중심에 둔다. 물론 인간의 행위가 계획했던 것과는 매번 다른 결과들에 도달한다는 사실을 부인하지는 않지만, 이것을 하나님의 결정권 때문이라고 생각하기보다는 자신이 무능했기 때문이라고 생각한다. 또한 근대에 인간 현존재의 조건들을 점차 성공적으로 통제하게 된 것도 사실이다. 예기치 못할 정도로 발전된 인간의 기술을 통해 인간의 필요와 목표에 기여하게끔 현존재의 자연적 조건들을 통제한다. 이와는 달리, 현존재의 사회적 조건들을 통제하는 것에는 그렇게 인상적이거나 분명하게 성공하지 못했다. 자연법칙과 유사하게 인류문명과 문화도 진보하리라는 낙관적인 믿음은 근대 역사에 있었던 아주 참혹한 전쟁들을 경험했던 시대의 사람들에겐 낡은 것이 되었다. 그렇지만 자연적이며 사회적인 현존재의 조건들을 합리적으로 통제하려는 노력을 인류는 여전히 포기할 수 없었다.

서구의 민주주의 전개에서 개인적 활동을 위한 자유의 장을 획득하게 되었지만, 이 자유의 장을 유지하면서 인류의 현존재적 조

---

02 잠언 16장 9절.

03 잠언 21장 31절.

건들을 안전하게 보장하려는 이성적인 공동의 노력은 여전히 성공을 거두지 못하고 있다. 이것은 오늘날 원으로 된 사각형처럼 여겨질 것이다. 따라서 구약성서의 잠언, 곧 계획은 비록 인간의 손에 있더라도 그 결과는 그렇지 않다는 말씀은 진리이며, 이와 유사한 것이 개인의 삶에도 타당하다. 우리가 계획한 것의 실패뿐 아니라 성공도 우리 인간을 넘어서 있는 현실의 비밀(Geheimnis der Wirklichkeit)에 달렸다. 우리의 모든 행동을 둘러싸고 있으며 결국 삶의 성공과 실패를 결정하는 것도 바로 이것이다.

오늘날 우리는 역사 전개를 좌우하는 신적인 결의를 찾으려는 노력에 대해 뒷걸음질 치려 한다. 그러나 역사가 실제로 개인의 특별한 목적을 항상 넘어선다는 사실은 분명하다. 개인의 행위를 통해서 사건들과 의미의 연관성이 발생하지만, 이러한 연관성은 거기에 참여한 개인들 자체가 기껏해야 부분적으로만 예측할 뿐이며, 종종 개개인이 전혀 생각지도 못해 놀라기도 한다. 이렇게 개인적인 것을 넘어서는 사건의 연관성은 단순히 행동하는 인간의 작품이 아니다. 역사는 자기 스스로 움직이는 과정의 모델에서 벗어나 있다.

물론 생명도 자기조정과 자기전개라는 경향을 통해 완전히 묘사되긴 어렵다. 생명의 과정에 대한 이런 식의 묘사는 모든 생명체가 갖는 특별하고 일회적인 생명의 역사를 간과할 때만 가능하다. 세포 안에서 일어나는 과정에 초점을 맞춤으로써 생명을 언급할 때, 모든 살아있는 생명체는 그 자신을 넘어감으로써만 자신의 삶을 실행한다는 일반적인 상황을 간파하게 된다. 이러한 사실은 시간적으로도 공간적으로도 이해할 수 있다. 생명체가 먹이를 찾을 때마다 생명체는 어떤 미래와 관계하게 된다. 이 미래는 발생하지 않은 것으로 되돌릴 수는 없는 자기 자신의 변화를 의미한다. 또한 이때, 생명체는 그 자신의 유기체 밖에 머물러 있는 주변환경 속으로 움직이고 있다. 자기 자신을 넘어서는 이런 생명체의 개방성은 생명체 자신의 고유하고 불가역적인 생명활동의 역사성에 자신을 내맡기는 것이다. 이러한 역사성이야말로 진정한 의미에서 자신의 생명을 형성하지만 살아있는 세포의 기능으로서 여태껏 충분하게 서술되진 못했다. 생명의 기적이란 그 자신의 구체적이며 개별적인 역사 안에 놓여 있다. 생물학의 일반적인 표현양식들은 단지 이를 추상화한 것이다.

마지막으로 자연의 사건에 대해서도 유사하게 말할 수밖에 없다. 전체로서의 세계는 하나의 일회적이며 불가역적인 과정임을 많은 것들이 말해주고 있다. 모든 개별적인 사건들이 항상 다시 반복하는 과정의 형태로 규정된다고 하더라도, 그 개별적인 사건은 궁극적으로는 일회적이다. 자연의 사건을 자연법칙처럼 묘사하는 것은 자연사건의 고유한 비밀을 드러내는 개별 사건의 일회성을 소홀히 했기 때문이다. 실제적인 운동은 결코 이런 관성의 순수한 사례를 제공하지 않으며 오히려 대부분 항상 참으로 복잡하게 얽힌 상태의 변화를 통해서 규정된다. 모든 구체적 사건의 유일회성의 빛에서는 자연의 형태들과 법칙들의 존립은 오히려 수수께끼가 된다. 자연의 사건은 우리의 피상적 이해를 위해 그토록 쉽게 붙잡고 있던 자연법칙의 질서라는 외관상의 자명성을 잃는다.

자연, 생명, 역사를 그 자신으로부터 진행되는 과정으로 완전히 서술할 수 있다는 견해는 우리에게 의심스럽게 되었다. 모든 사건의 유일회성, 곧 사건의 역사성은 이것과는 정반대의 것을 말한다. 이를 통해 우리는 생명과 역사와 모든 자연의 기적을 새롭게 의식할 수 있다. 이것이 곧 우리의 생명, 우리의 역사가 하나님의 손에 놓여 있다는 확신으로 표현될 수 있을까? 만일 우리가 하나님의 활동이 인간 행위와 생명의 전개경향, 그리고 자연법칙과 단지 경쟁 관계에 있다고 생각한다면, 우리의 생명, 우리의 역사가 하나님의 손에 놓여 있다고 말할 수 없을 것이다. 그러나 만약 우리가 그 역사성 안에서 이 모든 것을 포괄하고 포함하는 자연과 생명의 기적을 하나님 현존의 표징으로 이해하는 것을 배운다면, 그래서 우리의 삶과 우리의 역사의 본래적인 의미를 말하고자 한다면, 하나님에 대해 말하는 것이 다시 의미 있게 될 것이다.

성서의 현실이해

"현실"(Wirklichkeit)[01]이라는 표현은 정의하기 어렵다. 이 표현은 포괄적인 의미를 갖고 있기 때문이다. 이렇게 저렇게 우리와 관계하는 모든 것을 그 전체성 안에서 표시하려고 할 때 우리는 현실이라는 표현을 쓰기도 한다. 그래서 현실이라는 단어는 존재자 전체와 거의 동일한 의미가 될 수도 있다. 하지만 이것은 사물들이 천편일률적으로 놓여 있는 상태 이상을 의미한다. 만약 '어떤 것이

01 독일어 Wirklichkeit는 여기서 우리 눈앞에 전개되는 현실만을 뜻하지 않는다. 눈에 보이는 것과 보이지 않는 것, 모든 것을 포괄한다. 판넨베르크에게 Wirklichkeit는 과거와 현재, 미래를 포괄하는 전체로서의 현실을 의미한다. 이하의 본문에서는 문맥에 따라 현실(성), 실재(성)으로 번역했다. 예컨대 Wirklichkeit Gottes는 하나님의 현실성 또는 하나님의 실재성으로 번역했다.

우리에겐 하나의 현실이다'라고 말할 때, 우리는 우리 삶 전체에 해당되는 것, 중요시되는 것, 즉 본질적인 어떤 것을 의미한다. 헤겔은 한때 이렇게 말했다. 현실은 본질(Wesen)과 실존(Existenz)의 통일이다. 곧 활동적이며 경험할 수 있고 전체에 영향을 미치는 한, 그것은 본질적인 것이다.

그러므로 현실이란 한편에서는 모든 존재자를 하나의 거대한 연관성 또는 통일성으로 이해할 수 있게 하는 것, 곧 모든 것을 포괄하는 것을 표현하는 단어이다. 다른 한편에서는 현실이란 개별적인 일들과 사건들이 전체에 속하고 전체에 영향을 미치는 한에서 이런 것들의 관계를 표현하는 단어이다. 이렇게 보았을 때, 모든 일들이 똑같이 현실적인 것은 아니다. 만유 전체 안에 있는 사물들의 활동성의 정도와 그것들이 우리에게 관계하는 정도가 바로 현실성의 위상을 규정한다. 최고로 현실적인 것은 아마 우리가 경험할 수 있는 현실 전체에 통일을 가져다주는 것이 아닐까 생각한다.

지금까지 조심스럽게 서술한 의미에서 우리가 성서의 현실이해를 질문할 때, 다양한 성서문서들이 형성된 수천 년의 역사 안에서 현실이해는 늘 동일했던 것이 아니라 여러 가지 변화를 겪어왔다는 사실을 우선적으로 언급해야만 한다. 신, 세계, 인간, 죄의 의미 등, 이 모든 것이 다윗과 솔로몬의 시대인 기원전 10세기에는 바빌론 유수 시절인 기원전 6세기와는 전혀 다르게 이해되었으며 또한 기원전 3세기, 곧 대략 다니엘서가 형성될 때와는 또 달랐으며, 신약성서의 문서들에서는 다시 또 다르게 이해되었다.

이들은 현실이해와 관련해서는 서로 엄청난 차이점을 보이고 있다. 따라서 바울에게는 세상의 종말이 가까이 왔다는 것이 결정적인 의미를 지녔지만, 이후의 성서문서들, 곧 요한복음이나 누가복음에는 이런 언급이 거의 없다.

또는 기원전 10세기의 이스라엘의 현실이해에 따르면 인간은 땅과 연관되어 있고, 신은 천상의 수행원들에 둘러싸여 하늘의 왕좌에 앉아있다. 그러나 기원전 6세기에는 이와는 달리 하늘은 비어있고, 다만 하나님 자신만이 초연하게 피안의 저편에 거주한다. 그리고 인간과 땅의 관련성은 더는 아무런 역할도 하지 않는다. 따라서 성서의 고유한 현실이해를 묻는 질문의 막중한 무게를 느끼기 위해서는 성서의 문서들 안에 나타난 현실이해의 이러한 근원적인 다양성을 철저하게 인식해야만 한다. 성서의 문서들 안에 다양하지만 이 모든 것을 관통하는 단일한 현실이해가 있다는 사실은 전혀 자명한 것이 아니다. 한편 성서의 진술 안에 있는 차이들과 대립들은 단지 부정적인 것도 아니다. 즉 문서들의 신뢰성에 부담을 주는 것도 아니다. 오히려 이것들은 성서의 풍성한 하나님 증언의 한 부분을 형성하고 있다. 이들의 통일성을 물론 모든 진술의 일차원적이고 논리적인 일치에서 찾을 수는 없다. 오히려 이스라엘의 첫 시초에서부터 모든 변화를 꿰뚫고 신약성서의 그리스도 사건에 이르기까지, 더 나아가 우리시대에 이르기까지 이어지는 하나님 역사의 연속성 안에서 찾아야 할 것이다. 예수 그리스도 안에 있는 하나님의 행위를 선포함으로써, 즉 그리스도교 선교를 통해서 서구의 민족들이 3천 년 전에 이스라엘과 함께 시작된 이 역사에 통합되고, 그리고 오늘날도 여전히 세계의 민족들이 이 역사에 관여하고 있다. 이러한 히나님의 역사 안에서 신이해, 세계이해 그리고 인간이해가 변형되고 대립되며 종종 불일치하기도 하지만, 이것은 여전히 통일성을 유지한다. 성서의 사유 안에서도 하나님의 역사행위에 대한 의식(意識)은 점점 더 넓게 확장되었다. 만약 현실에 대한 성서적 이해를 그 증언들 안에 내재해 있는 긴장감과 대립요소에도 불구하고 하나의 단어로 표현한다면 그 단어는 바로 역사일 것이다.

오늘날 우리가 역사에 대해 말한다면, 알든 모르든 상관없이 우리는 이미 성서전승의 정신적 유산에 의해 살아가는 것이다. 우리가 살아가고 있는 현실은 성서의 하나님에 의해 비로소 역사로, 미래를 향해 개방된 것으로, 예측할 수 없는 가능성들을 향해 치달리며 궁극적 미래인 종말[02]에서야 비로소 그 의미를 이해할 수 있는 항상 새로운 사건으로 밝혀졌다. 전체 현실에 대한 이러한 이해는 근원적으로는 이스라엘의 하나님 사상의 표현이다. 야웨 하나님은 이스라엘 백성에게 진정한 현실이었다. 그로부터 모든 다른 것, 인간과 세계가 이해되어야만 했다. 이것이 바로 이스라엘의 창조신앙의 의미이다.

이스라엘에게 하나님이 세계의 창조자라는 사실은 그리스 철학에서 신은 모든 사물의 감춰진 근거이며 모든 것들 뒤에서 움직

---

02 판넨베르크에게서 종말(Ende)은 모든 것이 파괴되고 끝장난다는 의미가 아니다. 종말은 끝을 의미하면서 동시에 도달해야 할 궁극적 미래를 의미한다. 그런 점에서 종말은 모든 것이 완성되고 해명되는 종국(終局)을 뜻한다. 이하의 본문에서는 문맥에 따라 종말 또는 종국으로 번역했다.

이지 않는 존재이며 변함이 없는 세계질서 안에서 자신을 현현하는 존재라고 생각한 것과 같은 것이 아니다. 오히려 성서적 하나님에게 고유한 것은 바로 그의 자유, 즉 항상 새로운 것을 일으키며 항상 예기치 못하게 창조의 과정에 개입하시는 그의 자유이다. 이것이 '보라, 나는 야웨, 모든 육체의 하나님이다. 내게 불가능이 있느냐?'(렘 32:17)의 의미다. 하나님의 창조적 자유의 그 충만한 영향력은 죽은 자들의 부활, 예수의 부활로 인해 비로소 드러난다. 따라서 로마서 4장 17절에서 바울은 창조와 죽은 자들의 부활을 한꺼번에 나란히 언급할 수 있었다. 성서의 하나님은 '죽은 자를 살리시며 없는 것을 있게 하시는' 하나님이다.

지금까지 이 세상에서 들어보지 못한 행위에 대한 전능하신 자유로 인해 살아계신 성서의 하나님은 그리스 철학의 신(神)사상과 구분된다. 그리스 철학은 규칙적으로 현존하는 것, 즉 항상 다시 경험할 수 있는 것에서 출발하여 그것의 근원으로 후퇴하여 이처럼 전제되어야만 하는 근원을 신이라고 불렀다. 물론 그리스 철학이 신의 현실성을 완전히 지나치진 않았지만 단지 한 측면, 곧 신적 현실성의 한 단면만 파악했을 뿐이다. 성서의 하나님은 창조주로서 현존하는 것의 근원이지만 또한 이를 넘어 그의 전능하신 자유 안에서 항상 새로운 것, 곧 예측하지 못한 것의 창시자이다. 철학의 신과는 대조되는 성서의 하나님의 인격성이 이것과 긴밀하게 연관되어 있다. 철학의 신이 현존하는 사물들의 멀리 떨어진 보이지 않는 배경적 근거라면, 성서의 전능하신 하나님의 현실성은 그가 일으킨 항상 새롭고 놀라운 사건들을 통해 인간을 만난다.

이런 하나님 이해로부터 현실을 전체로서의 현실로 이해할 때, 전체로서의 현실은 역사라는 것이 밝혀진다. 그리스인들에게나 다른 대다수의 민족에게 우연적인 것은 카오스적인 것이며 무의미한 것이었던 반면에, 이러한 현실이해에서는 항상 새롭고 지금까지 들어보지 못한 사건들의 출현이 현실 자체의 근본특징으로 경험된다. 다른 한편, 이런 이해에서는 개별적인 사건들이 아무런 연관 없이 병렬되거나 나열되지 않는다. 사건들은 연관성 없이 흩어져 있는 것이 아니다. 하나님은 이전 것이 새로운 사건으로 인해 새로운 빛 안으로 들어오면 모든 새로운 사건으로부터 앞서 행했던 것을 견지해 나가신다. 말하자면 항상 다시 새로운 것, 비일상적인 것이 일어난다고 해도 사건 안에는 연속성이 있다.

그러나 이러한 역사 연속성을 발전의 의미로 생각해서는 안 된다. 즉, 정해진 흐름대로 과거에서 현재와 미래로 영향을 미친다고 생각해서는 안 된다. 오히려 특별히 역사적인 연속성의 다리는 그와는 반대 방향, 즉 뒤쪽으로 이어져 있다. 다시 말하면 매순간의 현재에서 과거로 이어져 있다. 왜냐하면 매순간 새로운 현재의 경험이 과거에 빛을 던져주기 때문이다. 이로써 인간은 과거를 단순히 잊어버리지 않으며 그 과거의 유산을 현재적 경험의 새로운 빛 안에서 새롭게 자기 것으로 삼게 되었다.

따라서 모든 세대 또는 모든 개인은 전승된 유산에 대한 연속성을 새롭게 형성해야만 한다. 이를 위해서는 새로운 사건들이 지금까지 유효했던 것과는 아무런 상관없이 출현해서는 안 된다. 오히려 새로운 사건 안에서 역사하시는 하나님은 다름 아닌 지금까지 역사하셨던 분과 동일하며 이러한 하나님의 동일성 때문에 모든 새로운 사건에 대한 성서의 전승들에 따르면 새로운 사건의 빛은 하나님에 의해 일어난 지금까지의 사건을 다시 조명한다. 새로움의 출현과 더불어 여전히 과거의 것을 붙잡는 것을 성서는 하나님의 신실함(Treue Gottes)이라고 부른다.

하나님이 신실하기 때문에 그분은 그 행위가 매번 항상 새롭지만 또한 비록 전혀 예기치 못한 방식이라 할지라도 이전에 정해놓은 것들을 붙드신다. 즉, 인간이 자신의 피조물임을, 이스라엘이 자신의 백성임을, 그리고 자신의 의지의 법칙을 붙잡고 계신다. 하나님의 신실함은 성서에서 사건의 연속성을 정초시킨다. 또한 자연의 법칙들도 그 자체로 존속하는 것이 아니라 하나님의 자유로운 규정들이며(창세기 3장 21절 이하) 또한 하나님의 자유로운 신실함 때문에 매일 매일 지속되고 있다.

위에서 서술한 대로 역사의 연속성은 하나님이 그의 이름으로 하신 약속들(Verheißungen)을 성취하는 방식에도 관련이 있다. 약속들 때문에 확실히 인간은 새롭고 미래적인 하나님의 행위들을 쳐다보게 된다. 그러나 약속들에 대해서도 하나님의 행위는 여전히 우연적이며 자유롭다. 약속들이 처음에 선포되었을 때 이해되었던 식으로 문자 그대로 성취되는 경우는 아주 드물다. 그럼에도 이스라엘은 약속의 성취될 때에도 하나님의 자유를 또한 더욱 존중했기 때문에 매순간 사건을 이전에 주어진 약속들의 성취로서 이해했다. 한 예로 조상들에게 이미 주어졌던 땅에 대한 약속이나 이와 연관된 원수들 앞에서 누릴 "안식"에 대한 약속을 들 수 있을 것이다. 이러한 약속은 이스라엘이 팔레스타인 지역에 거주하게 되었을 때 성취되었다.(여호수아 21장 43-45절) 그러나 여전히 "이스라엘이 가나안 족속들과 이 땅을 나눠야만 한다는 사실"(사사기 2장 3절, 21절, 23절)은 "걸림돌이 되는 모순"으로 남는다. "하나님이 주신 안식에 대해서 그래도 종종 언급이 되지만 그러나 여전히 단지 일시적인 상태로서, 즉 완전한 성취가 아닌 것으로 언급되고 있다. 따라서 이 약속은 항상 다시 열려져 있으며 히브리서는 이것을 붙잡아 전혀 새로운 방식으로 이해할 것을 가르치고 있다.(히브리서 3장 7절 이하) 진정 그리스도 사건의 빛에서 전혀 새로운 전망을 밝혀 주는 것은 바로 옛 약속이다."(폰 라트, 『구약신학』 제2권, 1960, 387)

이처럼 이스라엘이 항상 하나님의 행위로서 이해했던 역사적 사건들은 하나님의 이름으로 주어진 약속들에 대해서도 우연적인 성격을 띠고 있다. 따라서 한편에서는 놀라움의 계기가 성취들 안에 나타나고, 다른 한편으로 성취는 단지 잠정적인 성격을 지닐 뿐이며 약속은 성취를 넘어 더 넓은 성취들을 가리킨다. 이로써 처음의 성취 그 자체가 다시금 약속이 된다. 그리스도 사건도 역시 마찬가지다. 특히 죽은 자들로부터의 예수의 부활, 옛 언약의 약속들의 성취는 우리에게 다시금 예수의 부활 안에 나타난 생명에 대한 우리 자신의 참여에 대한 약속이 되었다.

약속과 성취로 기술된 사건의 연관성은 이스라엘의 역사의식의 발전과 역사적 의식의 발생 그 자체에 결정적으로 관여한다. 우연적인 사건들은 우연적으로 활동하시는 하나님의 신실성 때문에 하나의 연관성을 형성한다. 이러한 사실을 이스라엘은 약속과 성취라는 긴장감 안에서 경험하고 서술하였다. 따라서 약속과 성취의 사상은 이스라엘 역사사유의 기조(基調)가 되었다.

이스라엘의 역사서술은 이렇게 역사의식의 지평이 점점 넓혀지고 약속과 성취의 긴장된 과정은 점점 더 포괄적으로 되는 특징을 띠게 된다. 이런 식의 초기의 역사개념은 기원전 10세기에 형성된 다윗 왕조의 계승에 대한 이야기였다.(사무엘하 7장; 열왕기상 2장) 그러나 여기서는 아직 시간적으로 좁게 제한된 사건의 경과만을 다루고 있다. 서두에는 나단 선지자를 통해 다윗 왕에게 해당되는 약속이 나온다. 즉, 머지않아 다윗 왕가의 후손이 예루살렘의 왕위에 앉게 될 것이라는 내용이다.(사무엘상 7장) 이 이야기는 그후에 이 약속이 어떻게 성취될지를 처음으로 보도한다. 하지만 누가 왕위의 계승자인가 하는 질문은 남아있었다. 솔로몬이 왕위에 오르면서 약속이 성취될 때까지는 보도된 반란과 음모와 혼동 때문에 약속은 마치 허무맹랑한 것처럼 보일 뿐이다. 그런데 조금 후대에 기록된 야위스트(J기자)의 역사서술에서는 약속–성취의 주제가 보다 더 거대한 틀 속에서 관철된다. 서론격인 전(前)역사 후에 창세기 12장은 아브라함에게 주어진 약속으로 시작한다. 야위스트의 작품은 이스라엘의 땅 정착으로 약속이 성취되었다는 것으로 끝난다. 신명기 사가(史家)의 역사작품은 한 세기 뒤, 곧 유다왕국이 바빌론에 대항하여 재난을 겪은 후인 기원전 6세기에 나타난다.(이것은 특히 역대기를 포함한다) 여기에서는 약속–성취의 기본사상은 약간 변경된 형식으로 나타난다.

왕위 계승에 대한 이야기와 야위스트에게는 약속이 역사과정을 완전히 지배했다. 이것은 약속에 반하는 사람들의 잘못에서도 여전히 분명하게 드러난다. 그러나 이미 예언자들의 선포는 약속의 유용성을 율법의 성취라는 조건에 연관시켜 놓았다. 율법이 지켜지지 않았기 때문에 예언자들은 위탁명령으로 야웨의 위협을 이스라엘 백성에게 선포했으며 재난은 이미 오래전에 실제로 일어난 셈이다. 따라서 신명기 사가의 역사작품의 편집자는 약속이 율법을 통해 제약된다는 사실을 명료화함으로써 이스라엘의 역사를 재난으로 끝마친다. 즉, 백성의 죄악이 점점 증가하여 이스라엘은 야웨께서 선사한 땅을 떠나고 그 왕국도 포기해야만 했다. 율법뿐 아니라 죄악도 역사를 결정하는 힘으로 약속과 나란히 놓이게 되었다.

우리가 보았듯이 이스라엘의 역사서술에는 점점 더 넓은 연대기적 지평을 보고 이를 서술하는 경향성이 있다. 이러한 경향은 모든 사건에 대한 단 하나의 기획을, 즉 단 하나의 거대한 역사의 기획을 목적으로 하고 있다. 다시 말하면 이러한 경향은 과거의 세계창조로부터 시작했을 뿐 아니라 앞으로 있을 세계종말을 향하고 있으며, 따라서 모든 사건의 전체성을 전망하는 기획을 목적으로 하고 있다. 이러한 보편사의 발걸음을 유대의 묵시사상이 실행했는데, 처음으로는 다니엘서(주전 3세기)에 나타난다. 예언자들이 이미 개별사건의 경우에 행했던 것이 이제 체계적으로 실행되어진다. 즉, 이스라엘의 역사뿐 아니라 세계사가 이러한 기획 안에서 서술된다. 이러한 역사의 이음줄은 태초의 선택, 곧 창조 때의 선택 또는 창조 이전의 선택에서부터 아직 이루어지지 않은 역사의 마지막 심판과 하나님 나라의 도래, 죽은 자들의 부활이 성취될 때까지 연결되어 있다. 이때 묵시사상에서 최초로 모든 현실적인 것의 전체성이 하나의 보편적인 역사개념으로 수렴되었으며 또한 자연세계 (물론 그 자체로서의 자연세계, 즉 인간 없이는 역사로서 표시될 수 없었던 자연세계)도 하나의 보편적인 역사개념에 포함되었다. 따라서 묵시사상에서는 모든 현실이 그 자신의 통일성 안에서 역사로 생각되었다.

현실에 대한 이러한 이해는 성서의 하나님 사유에서 성장해 온 것인데, 초기 그리스도교에서도 나타난다. 그리스도 사건 안에서 하나님 행위의 우연성, 그의 자유, 그리고 이방인까지도 포용하시는 하나님의 사랑은, 이 양자가 율법 때문에 왜곡된 채로 있었던 유대교에서보다 더욱 결정적으로 인지되었다. 묵시사상적인 초기 그리스도교적 역사사상은 이제 아우구스티누스적인 그리스도교의 역사신학과 중세의 역사사상가뿐 아니라 근대의 역사철학 전체에 각인되었다. [이에 대해서는 칼 뢰비트의 『세계사와 구원사』(*Weltgeschichte und Heilsgeschichte*), 1953를 참조바람]. 물론 근대의 역사사상은 성서적이고 그리스도교적인 원천에서 특징적으로 벗어나 있다. 더는 하나님이 아니라 인간이 역사의 주체, 본래적 행위자라고 말한다. 역사진행을 자신의 계획대로 완성하는 하나님의 섭리 대신에, 인간 스스로가 성취하는 세계 내재적인 진보사상이 등장한다. 그러나 이러한 변형이 있음에도 여전히 근대의 역사사상은 성서적 현실이해에 붙잡혀 있다. 즉, 이때 시야는 여전히 미래를 향해 있는데 이것은 성서적 전승 외에 어디에서도 찾아볼 수 없는 것이다. 그리고 근대의 역사사상사가 보여준 것처럼, 만약 성서적 하나님과의 연관성이 내동댕이쳐진다면, 현실을 역사로서 인식하는 세속적인 이해도 불가능하고 사라져 버리고 만다.

인간이 아니라 오직 하나님만이 역사의 통일성에 토대를 놓을 수 있다. 계몽주의 이래로 그랬던 것처럼 인간을 역사의 담지자로 만든다면, 역사의 통일성은 다수의 문화들로 쪼개지고 개별적인 역사전망은 아무런 향방 없이 그저 풍성하게만 될 뿐이다. 그리고 그 수는 역사에 대해 사유하는 인간의 수만큼이나 많아질 것이다. 그러나 이렇게 역사의 통일성을 잃게 된다면 현실을 달리 이해한 견해들에 비해 현실을 역사로 이해한 독특성도 사라지게 된다. 이와 함께 역사의식도 사라질 위기에 처한다. 따라서 이처럼 역사로서의 현실이해는 성서적 하나님 사유에서 성장했을 뿐 아니라 성서적 하나님 신앙에 묶여 있다. 역사로서의 현실이해는 성서적 하나님 신앙의 표현이기 때문이다. 자연을 포함하여 모든 현실을 역사로서, 항상 새로운 사건으로서 이해하는 것, 곧 그것의 의미가 언제나 미래에서만 결정된다고 하는 현실이해는 다만 성서적 하나님 사유의 영역에서만 지속적으로 존속할 수 있다.

마지막으로 나는 성서의 역사로서의 현실이해를 다른 두 가지 방식의 현실이해, 즉 고대문화들의 제의적이며 신화적인 사유와 현실을 코스모스로 파악한 그리스적 이해와 비교해 보고자 한다.

제의적이며 신화적인 사유에서는 태곳적(urzeitlich)[03] 신들의 이야

03 urzeitlich, urbildlich, Urgeschehen은 각각 태곳적에, 원형적인, 원사건으로 번역했

기에 담겨 있는 원형적인 사건들이 현재에 반사되는 한에서만 현재가 의미를 가진다. 신화는 태곳적 사건에 대해 보도하고, 제의는 이 사건을 재연한다. 원형적인(urbildlich) 사건들은 제의공동체의 현재를 위해 실행되며 현재적 삶을 거룩하게 한다. 따라서 제의적이며 신화적으로 살아가는 사람들에게 결정적인 것은 이미 발생했다. 곧 신화적인 태곳적에 이미 발생했다. 사람들은 자신의 고유한 현재를 가지고 태곳적 사건에 참여하려고 애쓴다. 그러나 이것은 제의를 통해 일어난다. 따라서 제의적이며 신화적인 인간은 미래에는 등을 돌리고 살아간다. 원형적이고 신화적인 것만이 유일하게 의미가 있다. 미래는 제의를 통해 신화적인 원사건(Urge-schehen)에 참여하지 않는다는 점에서, 미래는 무의미하다.

물론 그리스인의 코스모스적 사유[04]에서도 미래는 고유한 진리를 갖지 않는다. 물론 코스모스적 사유에서 사람들은 자신의 현실을 신화적이며 제의적인 인간처럼 신화적인 태고, 즉 과거에서 찾지 않고 오히려 매 순간 경험 가능한 우주적 질서 안에, 즉 영원한 현재(Ewig-Gegenwärtig)에서 찾는다. 이러한 그리스적 현실이해는 근대의 고전적 자연과학에 반사되었다. 즉, 인간은 자기 자신의 삶뿐 아니라 자연도 지배하는 영원하고 불변하는 법칙의 세계 안에서 재차 자기 자신을 감지한다. 그리스인들에게 사건은 항상 동일

는데, 여기서 독일어 접두어 ur-의 의미는 시간상 오래되었다는 의미와 함께 존재론적으로 근원적이라는 의미를 내포하고 있다.

04 das kosmische Denken을 이렇게 번역했다. kosmisch(cosmic)는 '우주적'이라고 번역할 수 있지만, 질서와 균형을 의미하는 코스모스의 의미가 사라져 코스모스적이라고 번역했다. 고대 그리스인에게 코스모스는 질서와 균형을 갖춘 우주를 뜻한다.

한 법칙에 따라 일어나며 이러한 확고한 질서에 대한, 곧 코스모스의 사상은 20세기 초의 근대 물리학이 고전물리학의 영역에서 출현하기 전까지 여전히 설득력이 있었다. 왜냐하면 그리스인에게 본래적인 실재란 변화하는 것, 우연적인 것이 아니라, 헤라클레이토스와 스토아 철학자들이 로고스라고 불렀던 코스모스적인 질서와 그것의 원리이기 때문에, 인간도 불변하는 로고스를 닮아가야 한다고 보았다. 게다가 인간은 자신의 로고스-본성(Logos-Natur)[05]에 따라, 곧 그의 이성을 통해 규정된 것처럼 보였다. 이처럼 인간의 이성과 우주적 사건 안에 있는 불변적인 로고스의 근친성(近親性) 안에 개별 인간을 위한 구원의 토대, 곧 인간 영혼의 항존성이 마련되었다. 따라서 코스모스적 사유도 역시 미래를 등지고 살아가며 우연적인 사건, 곧 매번 새로운 사건을 비본질적인 것으로 치부해 버렸다.

성서의 역사적 사유가 태곳적 제의에 대한 사유와 그리스의 코스모스적 사유와 반대된다는 점이 분명해졌다. 이스라엘 사람들은 새로운 것과 예기치 못한 것을 하나님의 행위로서 경험했다. 그들은 다만 전적으로 자유롭게 활동하시는 하나님만을 신뢰할 수 있었고 그리스인들처럼 기존 세계의 질서를 신뢰할 수는 없었다. 이스라엘에게는 세계의 질서들도 하나님의 자유로운 설정에 불과할 뿐이었다. 결정적인 것은 기존 질서나 태곳적 사건에서 찾

05 여기서 본성으로 번역된 Natur는 자연이라는 뜻도 가지고 있다. 로고스는 자연 만물의 질서와 법칙으로 이해되기도 하고, 인간에게 자연적으로 주어진 본성과도 연관된다.

아질 수 없었다. 오히려 이스라엘과 초기 그리스도교에 따르면, 하나님께서 당신의 약속들을 통해 인간들에게 지시하신 그 미래에 결정적인 것이 놓여 있다. 오직 미래로부터, 곧 모든 현재와 과거에 대해 전적으로 새로운 전대미문의 사건으로 일어나게 될 죽은 자들의 부활이라는 미래로부터 모든 과거와 현재의 것들이 의미를 얻게 될 것이다.

하지만 성서의 역사에 대한 생각이 제의적이며 신화적인 현실이해와 코스모스적인 현실이해에 대립적인 것만은 아니다. 오히려 성서의 역사사상은 현실을 역사로 이해함으로써 다른 두 가지 사유방식의 특징을 자신 안에 포괄한다. 신화적이며 제의적으로 자신의 존재를 이해하고 살았던 사람들이 그랬던 것처럼, 역사로 이해된 현실 안에서도 사람들은 전통들 안에 살아간다. 전통은 항상 신화적 사유와 어느 정도 친화성을 갖고 있었고, 있었던 것과 전승된 것을 본래적이고 의미와 척도를 부여하는 현실로 수용하려는 경향이 있다. 따라서 비록 근대가 전통에 대해 거부하는 측면도 있지만, 여전히 살아있는 전통이 어디에 있는지 오늘날에도 주목하곤 한다.

그러나 성서에서 전승은 신화적이며 제의적인 사유와는 다른 기능과 다른 내용을 가지고 있다. 곧 하나님의 약속들이 전승들의 내용이었다. 그리고 또한 하나님의 약속을 의지하게 하며 신뢰하게 만드는 사건들이 전승들의 내용이었다. 따라서 성서의 전승들은 우리에게 단지 신화적 태곳적만이 아니라, 하나님의 미래를 지시하고 있다. 뿐만 아니라 자연의 질서들, 곧 자연법칙들도 성서의 현실이해에서는 역사로 자리매김하고 있다는 사실을 나는 앞서 이미 언급했다. 그러나 자연법칙들은 이제는 궁극적인 실재가 아니며 절대 불변하는 것도 아니다. 오히려 자연법칙들도 이 세상을 유지하고 계신 하나님의 신실함의 자유로운 설정들이다. 따라서 인간의 신뢰성은 더는 자연의 질서에 초점을 맞추지 않으며 오히려 미래의 자유로운 신적 구원행위를 향하고 있다. 그 안에서 이 세상은 세상의 법칙들과 함께 종말을 맞게 되고, 그 자리에 죽은 자들의 부활과 새 하늘과 새 땅이 나타나게 될 것이다.

역사를 현실로 파악하는 성서적 현실이해는 그리스인들의 코스모스적 현실이해와 제의적이며 신화적 현실이해보다 더 포괄적이며 더 심오하다. 물론 역사로서의 현실은 법칙에 따른 질서와 전통의 기본요소를 담고 있다. 그러나 이를 넘어서 성서적 사유에서는 우연적 사건과 이와 밀접하게 연관된 미래라는 두 요소가 전혀 무의미하지 않으며 오히려 이것을 하나님의 자유로운 전능하심의 본래적인 활동영역으로 이해한다. 인간은 이제 미래를 등지고 살아가지 않으며, 새로운 것 곧 미래로부터 (하나님에 의해) 그에게 다가오는 새로운 것을 향해 열려 있다. 근대 인간학은 이것을 인간의 "세계 개방성"이라고 말했다. 이러한 인간이해는 역사로서의 현실이해와 밀접하게 연관되어 있으며 또한 그리스도교 사유의 열매라고 할 수 있다. 서구적 이해가 미지(未知)의 심연 속에서 알지 못했던 인간의 현실과 세계의 현실이 이제 성서의 하나님으로부터 해명되고 있다. 물론 여기엔 무엇보다도 성서의 하나님 자신이 모든 인류의 한 분 하나님이라는 진리에 대한 입증(Bewährung)[06]이 요구된다.

06 판넨베르크에 따르면 조직신학의 과제는 그리스도교적 진리를 여타의 진리주장들과의 논쟁 속에서 논증하고 입증하는데 있다. 이때 그는 종종 입증(Bewährung)이라는 단어를 사용하는데, 사법적으로는 집행유예라는 의미지만, 여기서는 어떤 사태가 진리라는 사실을 확신하고 그 확신을 유지하면서 현재에서도 그것이 여전히 유효함을 밝힌다는 뜻으로 사용한다. 따라서 무엇을 입증한다는 것은 그것이 현재에도 참임을 밝힌다는 의미로 이해할 수 있다.

생명의 영

I

381년에 콘스탄티노플에서 개최되었던 제2차 공의회가 니케아 공의회의 고백을 보완할 때 공의회의 고백문 중 제3항에 덧붙여, 공의회 교부들은 성령[01]을 생명을 주시는 분으로 표시하였다. 물론 이러한 표현이 새로운 것은 아니다. 오히려 이것은 신약성서가 성령에 대해 말했던 것을 회상시켜 준다. 특히 바울과 요한은

01 독일어 Geist는 인간의 정신을 뜻하기도 하고, 영(靈)이란 뜻으로 번역될 수도 있다. 여기서는 문맥에 따라 Geist를 정신 또는 영으로, 그리고 der göttliche Geist를 하나님의 영 또는 성령으로 번역했다.

성령을 살리시는 분으로, 생명의 원천으로 표시했다. 오늘날 이러한 표현은 종종 제한된 의미로 순전히 구원론적 표현을 뜻한다. 곧 신앙 안에 있는 새로운 삶을 의미하는 것으로 이해되지만, 분명한 것은 이러한 주제가 초기 그리스도교 문서의 중심에 서 있다는 것이다. 그러나 성령을 생명의 수여자로 표시하는 이러한 용례가 단지 신앙생활에만 한정되어서 사용될 수는 없다. 분명 살리시는 영과 연관해서 죽은 자들의 부활을 지시하는 많은 표현들이 있다. 바울이 고린도전서 15장 45절에서, '첫 아담은 살아있는 영혼(Seele)으로 창조되었고, 마지막 아담은 살리시는 영(Geist)이다'고 했을 때, 적어도 바울은 창세기 2장 7절을 따라 하나님께서 최초의 사람에게 불어넣으신 그 생기(生氣, Lebensatem)를 생각하고 있었다.[02] 아담이 살아있는 영혼으로 창조되었다는 것은 창세기 2장 7절을 문자적으로 그대로 인용한 것이다. 여기에는 인간이 살아있는 존재라는 사실이 하나님께서 인간의 코에 불어넣으신 생기의 영향이라고 서술하고 있다. 이러한 생기(프노에 조에스 πνοὴ ζωῆς)는 알렉산드리아의 필로(Philo von Alexandrien)에 의해 생명의 영(프뉴마 조에서 πνεῦμα ζωῆς)으로 파악되었다. 비슷한 의미로 두 번째 아담은 단지 살아있는 존재인 산 영을 뜻하는 것만이 아니라, 살리는 영이라는 바울의 주장도 하나님께서 인간의 육체에 불어넣으신 그 생기와 연관되어 있다. 만약 우리가 새로운 인간, 곧 부활생명의 실

02 주 하나님이 땅의 흙으로 사람을 지으시고, 그의 코에 생명의 기운을 불어넣으시니, 사람이 생명체가 되었다. (창세기 2장 7절)

존양식에 대한 바울의 사상을 이해하고자 한다면, 우선 우리는 이러한 생각의 구약성서적 배경을 한번 살펴보아야만 한다. 그러나 이 구약성서적 배경은 영을 모든 생명의 원천으로 파악함으로써 형성된 것이다.

이러한 견해가 고대세계에선 결코 낯선 것은 아니다. 사람들은 생명이 마지막 숨(Atem)과 함께 육체를 떠난다는 것을 경험적인 사실로 관찰하고 있었다. 따라서 더 나아가 비밀스런 생명의 힘을 숨과 동일시하고 있었다. 생명의 원리인 영혼과 숨, 그리고 영은 고대 근동에서만이 아니라 그리스적 사유에서도 하나의 동일한 표상의 연관성에 속해 있다. 프뉴마와 프노에, 영과 숨은 아주 친밀하게 연관되어 있기에 프뉴마라는 단어는 다른 것이 아니라 우리가 숨 쉬는 공기를 가리킨다. 따라서 초기 그리스 철학자 중 한 사람인 밀레토의 아낙시메네스가 공기를 만물의 근원으로 관찰할 수밖에 없었던 이유가 이해된다. 동일한 관점에서 후에 아낙사고라스가 이성을 우주의 통치자로 명명했는데, 여기에서 차이점은 아낙시메네스가 인간 영혼을 모든 존재를 꿰뚫고 있는 공기의 한 사례로 파악했다면, 아낙사고라스는 그 반대로 우주를 꿰뚫고 있는 힘을 인간 영혼의 가장 강력한 힘에 대한 유비로 파악했다는 점에 있다.

숨과 공기의 관련성 때문에, 우리는 구약성서에서 하나님의 영을 바람과 폭풍과 더불어 생각했다는 사실을 더 잘 이해할 수 있다. 이처럼 성서의 창조기사에서는 하나님의 영이 태곳적 바다의 수면을 움직이고 있었다는 사실로 세계의 창조가 시작되었다고 한다. 에스겔 예언자는 엄청난 환상 가운데 하나님의 영이 평지에 흩어진 자기 백성의 죽은 뼈에 마치 폭풍처럼 불어닥쳐 생명을 불어넣는 것을 보았다. 그리고 이 뼈들은 육체로 옷을 입었는데, 이는 첫 사람의 창조에 대한 유비적 표현으로 뼈들이 다시 생명을 얻게 됨을 의미한다.

그러나 하나님의 영의 창조적인 활동을 생명의 근원으로 표현한 가장 주목할만한 서술은 시편 104편에 있다. 시편기자는 하나님께 피조물에 대해 말한다. "그러나 주님께서 얼굴을 숨기시면 그들은 떨면서 두려워하고, 주님께서 호흡을 거두어들이시면 그들은 죽어서 본래의 흙으로 돌아갑니다. 주님께서 주님의 영을 불어넣으시면, 그들이 다시 창조됩니다. 주님께서는 땅의 모습을 다시 새롭게 하십니다." 마지막 표현은 하나님의 영을 봄철에 풀들을 자라게 하는 바람과 연관시키는 듯하다. 바알은 폭풍우 중에 나타나 풍성한 열매를 수여했지만 이제 야웨의 영이 이러한 기능을 바알에게서 찬탈하였다.

하나님의 영의 생동케 하는 활동은 구약성서가 하나님의 영에 부여한 모든 다른 기능들을 위한 지평을 형성한다. 이것은 특히 카리스마적인 현상들에도 해당된다. 예언자적 환상과 영감은 물론 조형예술가의 작품과 시인들의 언어는 영웅의 행동과 마찬가지로 각각 하나님의 영에 의한 특별한 재능을 전제하고 있다. 이때, 이러한 카리스마적 현상들은 각각 고립시켜 관찰되어서는 안되며 오히려 모든 생명에 영감과 생기를 불어넣는 동일한 힘과 연관되어 있다. 카리스마적인 현상들은 생명의 충만에 대한 아주 특별한 사례들을 보여줄 뿐이다. 그 안에는 매우 강렬한 생명이 바탕에 놓여 있기에 카리스마적 현상들은 비범할 정도로 하나님의 영에 의존해야만 있다.

이와 유사하게 죽은 자들의 부활에 나타난 새로운 생명에 대한 바울의 사상도 생명은 신적 영의 힘에 의해 생산된다는 전통적인 이해의 토대 위에 놓여 있다. 일상적인 삶은 그 단어의 온전한 의미에서의 생명이 아직 아니다. 왜냐하면 일상적인 삶은 사멸하기 때문이다. 현존하는 세계의 생명체들은 제한된 정도에서만 생명의 힘에 참여하고 있다. 창세기 6장 3절에 따르면 인간은 육체일 뿐이기에 하나님은 그 분의 영이 인간 안에 무제한적으로 활동하지 않게 하셨다. 따라서 인간의 삶의 기한은 제한되었다.[03] 인간은 죽으면 전도자가 말하듯이 "그 티끌은 다시 원래대로 흙이 될 것이다. 그러나 숨은 이를 주신 하나님께 돌아갈 것이다."[04](12장 7절)

물론 여기서 인간 영혼의 불멸성이 주장되는 것은 아니다. 오히려 인간의 영혼이 나왔던 하나님의 영 안으로 되돌아가 해소되는 것을 뜻한다. 바울은 창세기의 인간 창조에 대한 보도에서 현존하는 생명의 제한성에 대한 지시를 발견했는데, 거기에는 창조적 생기를 통해 발생한 생명체 또는 생령[05]만 언급하고 있기 때문이다.

---

03 "주님께서 말씀하셨다. 생명을 주는 나의 영이 사람 속에 영원히 머물지는 않을 것이다. 사람은 살과 피를 지닌 육체요. 그들의 날은 백이십 년이다." (창세기 6장 3절)

04 "육체가 원래 왔던 흙으로 돌아가고, 숨은 그것을 주신 하나님께로 돌아가기 전에, 네 창조주를 기억하여라." (전도서 12장 7절)

05 창세기 2장 7절의 네페쉬 하야는 우리말 성경에서 '생명체' 또는 '생령'으로 번역되었는데, 독일어권에서도 Lebewesen 또는 lebendige Seele로 번역되었다.

바울에게 이것이 의미하는 바는 이렇게 탄생된 생명체는 창조의 영[06] 자체와는 다르다는 사실이다. 그리고 이러한 사실은 우리의 현재적 삶이 무상함을 알려 준다. 영혼의 형태 안에 있는 생명 또는 생명체로서의 생명은 하나님의 창조적 영 안에 있는 그 자신의 근원으로부터 분리되어 있기 때문에 죽음에 떨어지게 된다. 따라서 다른 어떤 삶, 곧 자신의 영적 근원과 연관되어 있는 참된 생명에 대한 질문이 제기될 수 있다. 생동케 하시는 영과 하나이며 따라서 죽지 않을 부활의 생명에 관한 바울의 사상에서 바로 이것이 표현된다.

물론 이러한 사상은 유대적 전통의 흐름에 결코 낯설지 않았다. 하나님의 영이 그분의 백성 위에 머물며 게다가 모든 육체 위에 내려오게 될 그 어느 시점에 대해 예언자들이 선포하지 않았던가? 이러한 그림들은 불멸의 생명보다 하찮은 것이 아니다. 따라서 그리스도의 부활과 부활사건에 대한 선포의 확장은 부활에 대한 옛 약속 성취의 시작으로 이해될 수 있었다. 신약성서에서 영은 매우 밀접하게 부활하신 주님과 연관되어 있으며, 그리스도교의 공동체 안에 있는 성령의 현존은 개별적인 것으로 취급되어서는 안 된다. 다시 말하면, 성령의 현존은 그 공동체 내에서 지속적으로 전파되고 있는 그리스도의 부활에 대한 선포와 분리되거나 또는 신앙과 희망을 통해 선포된 구원사건에 대한 참여와 분리되어 취급

06 der schöpferische Geist의 번역어로 하나님의 영을 의미하며, 본문에서는 '창조의 영' 또는 '창조적 영'으로 번역하였다.

되어서는 안 된다. 물론 신약성서가 성령에 대해 진술할 때 우선적으로 성령의 카리스마적인 현존과 성령을 통해 전달된 신앙의 새로운 삶에 주목하고 있지만, 만약 성령을 모든 생명의 창조적 근원으로 파악하고 있는 유대전승의 기초적인 확신들을 자신의 뿌리 깊은 토대로 인식하게 된다면, 이때 신약성서가 진술하는 심오한 의미의 총체와 그 자신의 고유한 논리가 드러나게 된다.

II

희랍 교부신학자들처럼 동방의 정교회 전통에서는 성령이 창조 행위에 참여한다는 사실의 근본 의미를 오늘날까지도 지속적으로 의식하고 있다. 성령의 창조활동은 교회 안에서 그리고 그리스도인에게서 경험되는 성령의 구원의 현재성(Heilsgegenwart)이 의미하는 바의 토대가 된다. 물론 희랍 교부들은 영을 신적 지혜와 동일시했고, 이로 인해 영에 대한 이해가 지성화되는 특징을 갖게 되었다. 성령은 이미 세계창조 때 현존하고 활동하였다는 주장의 근거로 이레니우스(Irenaeus)는 잠언 3장 19절을 언급한다. "주님은 지혜로 땅의 기초를 놓으셨고, 명철로 하늘을 펼쳐 놓으셨다. 그분은 지식으로 깊은 물줄기를 터뜨리시고, 구름에서 이슬이 내리게 하신다."[07] 뿐만 아니라 그는 잠언 8장의 지혜 신화를 언급하면서

---

07 우리말 성경에는 잠언 3장 19-20절.

한 분 하나님이 자신의 말씀과 지혜를 통해 모든 것을 창조하셨고, 질서있게 하셨다고 결론짓는다. 비록 이레니우스가 지혜전승을 지성주의적 관점에서 이해했지만, 성령을 특별히 신적 영감에 대한 예언자적 경험들과 연관시켰고 이러한 경험들을 고립된 것이 아닌 일반적인 사태에 대한 예로서 이해했다. 즉, 하나님의 영은 미래적인 것을 앞서 말하며 과거의 것을 보고하고 현재에는 의미를 제공함으로써 "첫 시초에서부터" 모든 인간들에게 신적 행위를 이해할 수 있도록 도움을 주고 있다. 이런 점에서 이레니우스에 의하면, 성령이 가장 먼저 인류에게 하나님을 계시하고 있다. 그후에 성자는 우리를 하나님의 자녀로 입양하였으며 종말의 미래에 우리는 하나님을 그분의 하늘 왕국에서 아버지로 인식하게 될 것이다.

특히 수도 생활의 발생과 연관되어, 3세기 이래로 성령의 구원론적 기능은 인간의 윤리적 숙명과 관련된 특별한 신적 도움으로서 더 많이 주목받지만, 아타나시우스(Athanasius)와 그후에 케사레아의 바실리우스(Basilius von Caesarea)는 창조 사역에서의 성령의 협력을 강조함으로써 그의 온전한 신성을 보존한다. 라틴교회[08]에서는 이러한 관점이 전혀 진지하게 취급되지 않았다. 성령의 활동을 생명의 창조보다는 사랑이나 은총과 연관시켰으며, 구원사 안에서 성령 시대를 인간이 하나님 아들의 도래를 준비하는 시간으

08 그리스어(헬라어)를 사용하는 콘스탄티노플을 중심으로 한 동방교회와 비교되는 로마를 중심으로 하는 라틴어를 사용하는 서방교회를 의미한다.

로 더는 보지 않았고 오히려 성육신과 성령강림 이후의 교회 시대로 보았다.

따라서 프렌터(R. Prenter)와 다른 저자들이 종교개혁자들의 관점에서 성령론의 재발견에 대해 말할 수 있었던 것은 놀랄 일이 아니다. 물론 성령이 그리스도교 신학에서 완전히 잊힌 적은 없었다. 그러나 중세에는 초자연적 구원이 성례전을 통해 매개적으로 수여된다는 피조된 은총(geschaffene Gnade)[09]의 사유에 비하면 은총론에서도 성령은 완전히 후방으로 밀려났다. 종교개혁자들은 성서주의의 도움으로 그들이 성서를 통해 인지할 수 있었듯이 성령에 대한 포괄적인 착상을 재발견하고 신학의 주제로 재수용하였다. 이런 점에서 루터와 칼뱅은 창조에서의 성령의 기능을 강조하였다. 하지만 이들 중 누구도 이로부터 체계적인 일관성 아래에서 자연 이해를 전개하진 못했다.

이러한 문제점은 종교개혁 이후의 개신교 신학이 성령의 활동을 다시 전적으로 구원론적으로만 파악했다는 사실을 설명해 준다. 이것은 무엇보다도 경건주의에 해당된다. 창조에서의 성령의 협력은 요한 아른트(Johann Arndt)에 의해서 17세기 초기에 침묵으로 넘겨졌고, 그후 장 더 라바디(Jean de Labadie)에 의해 분명히 거부되었다. 그리고 필립 야콥 슈페너(Philipp Jacob Spener)는 이 교리를 언급은 했지만, 마치 죽은 전통의 하나로 취급하였다. 이처럼 하나

09 토마스 아퀴나스를 비롯한 중세 스콜라 신학은 무시간적으로 하나님 안에 머물러 있는 피조되지 않은 은총(gratia increata)과 시간적으로 성령을 통해 피조물에게 주어지는 피조된 은총(gratia creata)을 구분한다.

님의 영은 점점 경건성의 주관적 경험의 한 요인으로 여겨졌을 뿐 결코 신학적 자연이해의 원리로 인식되지는 못했다. 정신과 물질이라는 데카르트적 이원론은 성령론에 대한 주관적 해석이 모든 것을 관통하여 지속적으로 영향을 미치는데 도움을 주었다.

성령이해의 주관주의적 경향은 중세 신비주의에서 비롯된 16세기와 17세기의 영성운동의 영향을 통해 널리 강화되었다. 또한 경건주의에 영향을 미친 이러한 전통 안에서 성령은 인간론과는 연결되었지만, 자연세계와는 연관되지 않았다. 성령은 인간의식 안에 있는 내적 빛에 대한 가르침과 연관되었다. 이를 통해 관념론적 전통에서 영과 의식이 동일시되는 길이 마련되었는데, 이것은 무엇보다도 데카르트적 이원론의 틀에 따라 상례가 되었다. 심지어 존 로크(John Locke)조차도 영을 실체로 파악하여, 의식 작용 안에서 행위하는 원리로 이해했다. 그리고 데이빗 흄(David Hume)은 그런 실체에 관한 생각을 제거하고 영의 개념을 완전히 무시해 버렸다. 특히 헤겔과 같은 관념론적 사상가들은 우주를 영의 창조로 보는 새로운 관점을 전개했다.

그러나 그들도 데카르트의 이원론에 기초하여, 그리고 영과 의식의 동일화라는 바탕에서 이를 시행했다. 따라서 바로 이 점이 관념론에서는 불행한 것인데, 왜냐하면 헤겔의 절대 의식으로서의 영은 인간적 의식을 절대의 차원 안으로 투사한 것으로 밝혀질 수 있기 때문이다. 따라서 영과 의식의 동일화는 포이어바흐와 그의 저명한 후계자들의 무신론을 위한 중요한 논거가 되었다. 그러나 관념론 전통에서는 하나님의 영과 인간의 영이 동일시되기 때문에, 그리스도교 신학은 관념론적 영 개념에 불쾌감을 드러내야 만 한다. 따라서 관념론에 대한 신학의 비판은 하나님의 영을 인간의 의식과 분리시켰으나, 이로 인해 하나님의 영에 대한 신학적 언설은 그 경험적 연결점을 잃어버렸고, 거의 무의미한 것이 되어 버렸다. 하나님의 영을 언급할 때 유일하게 남은 기능은 이해되지 못하는 신앙의 주장들을 성령을 언급하면서 소위 합법화하는 것이었다. 성령의 사역을 이런 식으로 이해함으로써, 근대 그리스도교 경건성의 특징인 주관주의의 극복은 당연히 소원한 일이 되었다. 이와는 정반대로 이런 식으로 영을 소환하는 일은 주관주의의 정점, 곧 불합리한 신앙결정의 주관주의를 재현한다.

이것은 매우 자명한 일인데, 파악될 수 없는 것을 수용하기 위해 초이성적인 원리를 소환하는 일은 책임적인 성령론을 위해 수용할 만한 어떠한 토대도 신학에 제공하지 못한다. 책임적인 성령론은 영과 의식을 동일화하는 바탕에서는 전개될 수 없으며, 특히 헤겔 이후 사상에서 이런 동일화는 더욱 신중하고 적실한 비판의 대상이 되었다. 또한 영의 개념을 종교 경험의 현상학, 특히 "신령한"(spirituell) 중생의 경험과의 연관성 속에서 새롭게 정초시키는 것도 도움이 되진 않는다. 왜냐하면 이런 그럴듯한 경험적 실재론은 실제로 다시 주관주의적 결단론의 막다른 골목으로 이어질 뿐이기 때문이다. 성령론의 갱신을 위한 생산적인 출발점을 찾기 위해서는 성령을 고립시켜 구원론적인 기능으로만 파악했던 모든 주관주의적 역사발전의 뒤로 되돌아가야만 한다. 창조 때의 성령의 역할에 대한 성서적 진술들과의 연관성 안에서, 성령론을 통해 자연의 신학(Theologie der Natur)[10]에 기여할 가능성을 염두에 둘 때만, 전통적인 그리스도교적 경건과 성령에 대한 그리스도교적 사유의 주관주의적 협소화를 극복할 수 있다.

그러나 성령을 자연 이해와 연결시킬 수 있는 지성적으로 진정성 있는 가능성이 과연 있는가?

III

현대의 그리스도교 사유에는 영에 대한 주관주의를 돌파하여 생명신학의 더 넓은 지평에서 영의 새로운 이해를 전개하려는 두 개의 예가 있다. 그 중 하나는 파울 틸리히(Paul Tillich)가 그의 조직신학 제3권에서 생명과 영에 대해 서술한 것이다. 다른 하나는 영적인 중심점에서 촉발되어 나가는 생명의 발전과정을 조망하는 테야르 샤르댕(Teilhard de Chardin)의 관점이다.

틸리히에게 영은 비유기적인 차원, 유기적인 차원 그리고 심리적인 차원과 함께 "생명의 차원들" 중 하나이다. 이 모든 차원들은 모든 생명체에 가능태로 현존해 있다. 이들 중에서 영은 "생기의 힘"(Macht der Beseelung)이라는 특징을 지니며 그런 점에서 유기체의 개별적인 부분들과는 구분된다. 비록 인간생명의 영역에서는

10 여기서 자연의 신학은 자연신학(theologia naturalis, natural theology)과는 다르다. 후자가 인간의 이성을 토대로 하여 신 인식의 가능성을 모색한다면, 자연의 신학은 성서적 사유와 하나님의 영의 창조활동의 빛에서 자연과학적 결실들과 대화하면서 자연을 이해하고자 한다.

생명체의 자의식도, 틸리히가 영이라고 명명했던 인격적이고 사회적인 차원에 속하게 되지만, 틸리히에게 영이 의식과 동일한 것으로 간주되진 않는다. 따라서 인간이란 영의 차원이 여타의 것을 규정하게 되는 그런 생명체이다. 다른 한편, 인간의 영은 자신의 근본적인 기능들, 곧 자기통합, 자기창조, 자기초월 안에서 생명의 모호성을 극복할 수 없다. 이런 모호성들을 인간의 영은 오직 하나님의 영의 도움으로 해결할 수 있다. 따라서 틸리히는 하나님의 영과 인간의 영을 구분한다. 틸리히에 의하면 인간의 영은 오직 특별한 탈아적(ekstatisch) 행위를 통해서만 하나님의 영에 참여하며, 오직 이러한 방법을 통해서만 영적인 삶의 세 가지 영역, 곧 문화와 도덕 그리고 종교의 통합과 일치에 도달할 수 있다.

틸리히는 자신의 저술을 완성한 후에 샤르댕이 저술한 인간 현상에 대한 책[11]을 읽었는데, 틸리히 자신이 전개해 나간 영과 생명의 관계가 샤르댕의 이해와 많은 점에서 유사하다고 느꼈다. 실제로 영이 모든 삶의 추동하는 힘이라는 것, 그러나 비록 영이 인간 의식의 출현을 통해 결정으로 새롭고 집약된 형태로 출현하게 됨에도 그 자체로는 의식과 일치하지는 않는다는 기본적인 생각에 대해서는 두 사람의 착상이 유사하다. 뿐만 아니라 테야르와 틸리히는 모두 생명의 자기초월에 대해 강조한다. 테야르는 생명의 자기초월을 복사에너지(radiale Energie)로 표시한 반면, 틸리히의 관점에서는 인간의 영이 하나님의 영에 관여하는 현상이 중요했다.

---

11 테야르 드 샤르댕/양명수 옮김, 『인간현상』(파주: 한길사, 1997)

그러나 물론 두 착상 사이에 차이점도 있다. 무엇보다도 테야르는 틸리히가 하나님의 영과 생명의 한 차원으로서의 영을 구분한 것과는 달리 그런 구분을 하지 않았다. 테야르의 생각에는 오직 하나의 영만이 있다. 이 영은 모든 물질적인 과정을 관통하며 실현시키며, 자신을 넘어 지속적인 영화(靈化, Vergeistigung)와 완전한 통일성의 중심점에 모든 것을 수렴시키는 일치의 길을 향해 나아간다. 또한 이러한 완전한 통일성의 중심점이 생명 전개과정의 종착점이며 동시에 역동성의 참된 근원임이 입증된다. 이런 전망에는 피조된 영은 진화의 전체 과정을 추동하는 단 하나인 영의 역동성에 단지 참여하는 것으로 파악될 수 있다. 그러나 이러한 관점에서도 하나님과 피조물 사이의 차이점은 철저하게 보존된다. 왜냐하면 물질적인 존재는 단지 자신들의 자기초월 안에서만 영적인 역동성에 참여하기 때문이다. 이러한 관점은 틸리히의 강조점에 부합한다. 즉, 틸리히는 생명의 자기초월을 강조하고 영적 경험에 대한 서술에서 탈아적인 요소를 강조한다. 틸리히는 인간의 영과 하나님의 영 사이의 이원론을 질문과 대답의 상관론의 방법을 위해 그대로 유지했다. 그러나 실제로 틸리히의 이러한 착상에는 이해하기 어려운 점이 있다. 즉, 그가 하나님의 "영적 현존"의 탈아적 요소를 생명의 자기초월 안에서 나타나는 영적 경험에 대한 일반적인 특징으로 파악하지 않고, 그 대신에 이것을 믿음, 소망 그리고 사랑 안에 남겨둘 수 있는지는 이해하기 어렵다.

틸리히와 테야르의 두 번째 차이점은 테야르가 "생명의 차원들"[12]이라는 모호하고 혼돈스러운 표현을 사용하지 않았다는 점이다. 이 표현이 기껏해야 약간의 은유적인 가치가 있을 뿐이며, 유기체적 생명을 순수 물질주의적으로 기술함으로써 "일차원적" 제약성을 분명하게 드러낸다. 이러한 은유의 약점들과 여기에서 시작되는 혼란들은, 비유기체적인 것, 유기체적인 것, 심리적인 것, 영적인 것의 "차원들"의 좌표계가 없다는 사실에서 기인한다. 생명현상의 깊이와 복잡성은 생명에 대한 순수 물질주의적 서술로는 파악되지 않는다. 테야르는 이에 대한 동일한 관심을 훨씬 간략하게 표현했다. 즉, 그는 모든 물질적인 현상의 정신적인 내면에 대해 말한다. 이러한 그의 관점은 오래된 물활론적인 세계상의 전통과 맥을 같이한다. 그러나 그는 이러한 자신의 견해를 다음과 같이 정당화하려고 했다. 첫째 학문적인 연구들도 인간 의식의 출현과 같은 특별해 보이는 현상 뒤에 놓여 있는 어떤 일반적인 규칙을 찾고자 한다는 원칙에 의거함으로써 그렇게 하며, 둘째는 물질적인 현상에서 나타나는 복합성의 정도와 정신적인 내면성의 정도가 대체로 일치한다는 자신의 주장을 통해 자신의 견해를 정당화하려고 했다. 하지만 테야르의 주장 중에 가장 대범한 것은 자연현상의 정신적인 내면성과 자연과정을 결정짓는 에너지의 내면성을 연관시켰다는 점이다.

테야르는 모든 에너지는 결국엔 영적이라고 가정한다. 하지만

---

12 틸리히가 자신의 『조직신학』 제3권 '생명과 영'에서 "생명의 차원들"이라는 표현을 사용하는데, 그는 생명을 가능태에서 현실태로의 이행으로 존재론적으로 정의한 다음, 생명의 통일성과 동시에 다차원성을 서술한다.

에너지는 물리적 현상들 사이의 관계를 물리학적 관찰에 제공하기 때문에, 테야르는 물체적 요소들의 결합과 이들의 상호연관성을 나타내는 다양한 형태들을 해명하는 힘, 곧 탄젠트 에너지와 현상들의 자기초월성에서 복합성과 통일성이 증가되도록 하는 복사에너지 사이의 저명한 구분을 전개한다. 이러한 구분은 앞서 언급했듯이 모든 에너지는 영적인 특성을 가진다는 기본적인 주장과 밀접하게 연관되어 있다. 자연과학자들, 특히 물리학자들은 테야르가 분명히 강조했듯이 물체의 상호관련성 안에 있는 우주적 에너지의 외적인 현현에만 관계한다. 하지만 테야르가 가정했듯이 에너지가 본질적으로 영적이라면, 에너지의 또 다른 측면이 있어야만 하며 이는 역동적인 자기초월의 현상들 안에서 나타난다. 이와 관련해서 테야르는 복사에너지를 말한다.

이러한 생각과 결합되어 있는 문제들은, 특히 테야르가 에너지 개념에서 어떤 측면들이 고려되지 않았는가를 물을 때 분명히 드러난다. 여기서 에너지 장(場) 현상이 특히 주목받게 된다. 고전 역학은 물체들, 공간과 시간에서 이들의 위치, 그리고 상호적으로 관계하는 힘들을 다뤘다. 이러한 힘들은 물체들에 속하는 것으로 이해되었고, 물체들 사이의 반응 속에서 힘이 작용한다고 보았다.

하지만 자연력의 개념을 물체의 속성에, 특히 질량에 환원하고자 했던 물리학의 시도는 실패했다. 마지막으로 아인슈타인까지도 그러한 시도를 했다. 그러나 그의 상대성 이론은 정반대의 결과를 가져왔다. 상대성 이론은 공간을 물체들과 이들의 상호연관성의 특성으로 서술하는 대신, 실제로 물질이 공간의 기능을 한다는 착상에 도달했다. 카알 프리드리히 폰 바이첵크(C. F. von Weizsäcker)가 지적한대로 자연력 이해에 결정적인 전환점이 생겼다. 즉, 움직이는 물체에 초점을 맞추던 모델에서 에너지를 장(場)으로 자명하게 생각하게 되었다. 예컨대 전기장 또는 자기장의 경우처럼 자연력을 에너지장으로 이해한다는 것은 에너지를 기초적이며 독립적인 실재로 파악한다는 것을 뜻한다. 에너지는 물체들을 통해서 현현하면서도 동시에 물체들을 초월한다. 장으로 파악된 에너지는 자신의 담지자인 어떤 물체에 환원될 속성으로만 파악되어서는 안 되며, 그 자체로 독립적이라고 생각될 수 있는 현실이다.

자연력이 물체의 속성이라는 생각에서 물체들의 생성과 운동 안에서 현현되는 독립적인 실재라는 생각으로 급진적인 변화가 일어났는데, 테야르 샤르댕은 아직 이러한 변화를 높이 평가할 순 없었다. 분명 테야르는 에너지의 개념을 물리학의 가장 기본적인 개념으로 인식하고 있었다. 하지만 흥미롭게도 그는 아인슈타인의 장이론에 대해서 명확히 유보적인 태도를 취했다. 그는 에너지와 물체의 결합을 고집스럽게 주장했고, 에너지를 심지어 비유기적인 물체의 심혼적 내면으로 표상함으로써 이러한 결합을 표현했다.

영에 대한 테야르의 생각을 다루면서, 에너지 개념과 연관된 문제점에 대한 상세한 논의는 마치 곁길로 간 것처럼 보일지도 모른다. 하지만 여기서 분명하게 된 것은 이것이다. 에너지를 장이 아니라 물질들의 내면으로 이해한 테야르의 결정은 자신의 영 이해에 폭넓은 결과들을 가져왔다. 분명 에너지를 물질의 내면으로 이해하는 것은 모든 주어진 실재를 초월하며 이를 창조적인 일치의 방향으로 활성화시키는 초월적인 원리로서 영을 파악했던 기초적인 주장과 전적으로 상반된다. 만약 테야르가 에너지를 장으로 파악했더라면, 영의 창조적 힘이 진화의 전체 과정을 규정한다는 그의 영에 대한 기본적인 생각과 완전히 일치했을 것이다. 특히 그에게 영의 실재성은 모든 개별적인 생명체와 종들을 초월해 있기 때문이다. 하지만 테야르는 에너지를 물체의 내부로만 이해했기 때문에, 에너지를 자신의 주체인 물체에 귀속시켜 버렸다. 따라서 그는 생명체의 자기초월의 운동과 진화의 전체적 역동성을 이런 유한한 존재의 활동에 귀속시켜야만 했다. 하지만 그가 본래 원했던 것은 모든 유한한 소여성을 초월하는 원리, 곧 그가 오메가라고 불렀던 원리를 가리키는 것이었다. 바로 여기에 테야르의 생각을 관통하는 근본적인 모호성이 두드러지는데, 이는 궁극적으로 진화의 과정을 추동하는 것이 무엇이냐는 질문에 대한 그의 대답 – 오메가 포인트냐 아니면 스스로 전개하는 존재들이냐 – 이 지니는 모호성이다.

만약 에너지가 그것의 담지자들로서의 물체들에게 귀속된다면 진화의 과정과 목표 방향은 스스로 전개하는 존재들과 종들을 통해 만들어지는 것처럼 보이며, 마치 이들이 자신들의 진화의 활동적인 주체인 것처럼 여겨질 것이다. 이러한 관점에서 오메가 포인트는 진화과정, 혹은 보다 정확하게 말하면, 자기 스스로 전개하는 생명체들에 내재해 있는 경향들의 단순한 하나의 외삽(外插) 추론이 될 뿐이다. 하지만 테야르는 이와는 달리 오메가 포인트, 진화과정의 목표를 자신의 고유한 창조적 원천으로 서술하고자 했다. 그가 진화를 영의 작품으로 기술한다는 점에서는 이것이 가능했다. 이때, 영의 실재성은 모든 개별적인 존재들을 초월하며, 세계의 창조적인 일치를 위한 모든 발전의 새로운 단계를 지향하는 운동 안에서 궁극적으로 오메가이신 하나님과 동일시된다. 비록 영과 에너지가 그의 사상 속에서는 동일한 실재를 의미하고 있었지만, 애석하게도 테야르는 창조적 일치로서의 세계과정에 대한 자신의 비전을 하나님의 목표점이라는 관점을 통해 자신의 에너지 개념과 조화시키는데 주저하고 말았다. 그는 에너지를 단지 물체들의 내면으로만 생각했을 뿐이며, 물체들 안에서 나타나며 물체들을 초월하고 물체들에 대해 우선권을 가지고 있는 장(場)으로 생각하지 못했다. 만약 테야르가 에너지의 본질을 장의 의미로 파악했더라면, 그는 세계를 그 안에서 일어나는 영적인 역동성을 통한 창조적인 일치의 과정으로 파악한 자신의 통찰력을 보다 일관성 있고 설득력 있게 밀고 나갈 수 있었을 것이다.

하지만 그는 물리적 현상의 영적인 내면을 완전히 포기할 필요도 전혀 없었을 것이다. 다만 그는 유한한 사물의 관점에서 우주적 에너지의 보편적 장이 어떻게 유한한 사물들을 통해 현현하게 되는지 그 방법을 덧붙이기만 하면 됐다. 이러한 유한한 사물들은 우주적 에너지의 보편적 장에 단지 참여하여 이들은, 즉 탈아적 방식 안에서 또한 자기 자신을 초월해 나간다. 이러한 탈아적 경험의 능력이 곧 영성의 정도를 드러낸다.

이러한 방식을 통해 영의 현존이 갖는 탈아적 성격에 대한 파울 틸리히의 통찰은 틸리히 자신이 좁혀놓았던 그리스도교적 믿음과 사랑과 희망이라는 특수한 영성을 넘어서서 풍성하게 될 수 있다. 이러한 틸리히의 생각은 그리스도교적 경험이라는 단순한 특수성을 표현하는 대신에 모든 유한한 실재와 특히 유기체적 생명의 기본특징을 가리키고 있다.

IV

테야르의 진화개념을 앞서 제안한 것처럼 개선함으로써 그의 주장에 제기된 가장 막강한 반론들을 만족시킬 수가 있다. 무엇보다도 이것은 진화과정이 목적론적으로 정향되어 있다는 생각을 포기하고 우연 또는 우발성의 요소에 조금 더 많은 여지를 제공한다. 특히 진화과정에서 활동하는 에너지를 표시하기 위해 영(靈) 개념을 사용하는 것이 정말 정당화될 수 있는지에 대한 질문이 남아 있다. 또한 이러한 영 개념의 사용에 어떤 신학적인 의미가 부여되는가 하는 질문도 제기된다. 하나님의 영을 모든 생명의 창조적 근원이라고 말해 온 그리스도교 전승과 대체 어떤 방식으로 내용적인 연관성을 갖게 될 것인가?

나는 이런 질문을 상세하게 논하고자 한다. 이때 먼저 창조의 영을 모든 생명의 원천으로 표현한 성서의 이해를 현대 사상의 맥락에서 질문할 것이다. 그러면 몇 가지 기준들이 제시될 것이며,

이러한 기준들을 연이어 테야르의 사상들에 적용하고, 이러한 해명을 우리에게 도출된 모델에 적용할 수 있을 것이다. 이전 시대의 사상을 번역하려는 모든 시도는 번역을 통해서 넘나들게 될 둘 사이의 간격을 먼저 염두를 둬야 한다.

생명에 대한 성서적 이해와 근대적 이해 간의 대부분의 차이는 다음과 같은 상황에서 유래한다. 즉, 고대인이 호흡의 현상에서 경험적으로 분명하게 이해했던 것처럼 성서의 생명이해는 생명체 밖에서 찾아야만 하는 생명의 근원을 가정하고 있는 반면, 근대 생물학은 생명을 자신을 먹이고 또한 재생하는 살아있는 세포의 기능으로 이해한다. 이러한 비교는 내재주의적인 근대적 생명이해와 초월적인 생명의 원리로부터 파악하는 구약성서의 생명해석 사이의 날카로운 대립을 한 눈에 드러낸다. 이러한 근원적인 차이에 비해 저 초월적인 원리를 영으로 명명하는 것은 차라리 부차적인 질문처럼 보인다.

그러나 보다 자세히 검토해 보면 생명에 대한 이 두 가지 이해가 대립적인 것만은 아니다. 한편에서 성서적 관점은 생명체의 고유한 본질을 구성하는 자립적인 실존이라는 표상에도 분명 여지를 주고 있다. 즉, 생명은 그 자신 안에 있다. 다른 한편, 근대 생물학도 생명현상에 대한 분석에서 살아있는 세포로 소급되지 않는 그 무엇을 단순히 배제하지는 않는다. 생명을 살아있는 세포의 활동성이나 한층 더 높은 유기체의 활동성으로 파악한다고 하더라도 이러한 활동성은 그 자신의 측면에서 분명 제약되어 있다. 생명의 활동성은 그 유기체에 상응하는 환경의 요구에 특히 제약을 받으며, 생명의 전개는 무엇보다도 그 환경 안에서 가능케 된다. 이러한 환경과 분리되어서는 어떤 유기체도 살아갈 수 없다. 이러한 의미에서 모든 유기체는 자신의 생명전개를 위해 특정한 조건들에 의존해 있으며, 이러한 조건들은 자신의 생명전개에 단순히 외부적인 것은 아니라, 오히려 이를 가능케 하고 특징짓는 것이다. 즉, 어떤 유기체이든 자신의 환경 "안"에 산다. 유기체는 생활공간, 즉 그가 소유하고 있는 영역을 필요로 할 뿐 아니라 자기 주변의 이러한 공간을 자기실현의 중심으로 변화시킨다. 그는 축어적 의미와 전의된 의미에서 자신의 주위를 먹고 산다. 이런 의미에서 모든 유기체는 자기 자신을 넘어간다. 다시 한번 더 분명해지는 것은, 생명은 본질적으로 탈아적이다: 생명은 생명체와 환경의 연관성 안에서 전개되며, 단지 유기체 자신의 내부에서만 전개되는 것은 아니다.

이처럼 생명에 대한 생태학적인 자기초월과 생명의 근원을 영으로 이해한 성서적 사유 사이에는 어떤 연관성이 놓여 있는 것일까? 이러한 가능성을 당장 배제할 수는 없을 것이다. 이러한 연관성을 인식하기 위해서 먼저 우리는 영의 현상과 그 양태에 대해 말했던 것을 기억할 필요가 있으며, 영에 주어진 신적인 특성을 일단은 그대로 둘 필요가 있다. 오늘날의 이해에서도 숨이 생명의 가장 중요한 환경 조건들에 속한다는 사실은 이미 분명하다. 숨 쉴 공기가 주어진 곳에서만 유기체의 과정들이 지속될 수 있다. 따라서 근대적 생명이해의 맥락에서도 숨의 현상은 주위에 대한 유기체의 의존도를 적합하게 표현해 주는 그림으로 타당하다.

그렇다고 해서 이제 우리는 숨을 생명의 고유한 원인으로 여길 순 없을 것이다. 이러한 측면에서 모든 근대적 생명이해는 성서의 해당구절이 배경으로 삼고 있는 생명에 대한 원시적 해석과는 상반됨을 고백해야 한다. 그러나 이러한 원시적 생명해석에도 진리의 요소는 있다. 이에 대한 열쇠는 유기체가 환경에 의존한다는 사실에 놓여 있다.

비록 적합한 환경조건들이 어떤 생명체의 생명과 지속적인 생존의 전제가 된다고 하더라도 생명체가 단지 자신의 환경의 피조물이라고 하는 것은 지나친 주장일 것이다. 생명체의 생명활동에서 생명체가 그 자신을 넘어선다는 점은 또 다른 측면을 인식시킨다. 즉, 이 넘어섬을 통해 환경이 생명체 자신의 고유한 생명활동의 장소와 수단으로 변화된다는 점에서 생명체는 동시에 자신의 미래와 관계된다. 더 정확히 말한다면 자기 자신을 변화시키는 미래와 관계된다. 이는 출생, 성장, 재생 그리고 자기 생명의 재생산에 관련된 모든 행위에 해당된다. 모든 생명체는, 비록 의식하지 못하고 있다 하더라도 자신의 동인(動因)을 통해 자신의 개별적인 미래에 그리고 자기 종의 미래에도 관여한다. 이는 또한 생명의 자기초월의 탈아적 성격에 속하며, 바로 이것을 테야르 샤르댕은 "복사에너지"라고 표현했다.

진화과정에서 복잡성이 증가하고 최종적으로 수렴되는 것이 이에 대한 가장 인상적인 증거지만, 이러한 연관성은 개별 생명체의 삶과 특히 자기초월의 시간적 양상 속에서도 뚜렷이 나타난다. 진화과정을 규정하는 에너지 장이라는 표현으로 테야르의 "복사에너지" 개념을 검토하는 것이 타당하다면, 이러한 에너지 장은 생명체의 자기초월 안에 현현하며, 또한 이러한 방식으로 생명체들의 생활뿐 아니라 이들의 존립도 가능케 한다는 추론은 의미심장해 보인다. 그렇다면 호흡을 생명의 창조적 근원으로 표현했던 오래된 표상 안에 담겨 있던 진리의 계기는 근대적 관점에 의해, 즉 유기체가 자신을 둘러싸고 있는 것에 의존해 있다는 관점에 의해 해소되어버린 것이 아니다. 이처럼 그림으로 표현된 사상은 생명의 생태적 자기초월과 긴밀하게 연관되어 있는 더욱 심오한 신비를 오히려 포괄하고 있다. 모든 생명체의 생활 안에는 시간적인 자기초월이 있으며, 이는 무기물의 구조로부터 자신을 구분하는 유기체적 생명의 특별한 현상이다.

이와 관련해서 지속적인 연구를 필요로 하는 일련의 질문들이 대두된다. 먼저 생태학과 유전학 사이의 관계에 대한 질문이 제기된다. 앞서 제시한 생명의 자기초월에 대한 기술은 포괄적으로 생태학적 현상에 따른 것이다. 이러한 묘사가 유전학의 관점에서도 정당하다고 입증될 수 있을까? 만약 그렇지 않으면 생명의 자기초월 안에 활동한다고 생각되었던 에너지 장의 개념은 틀림없이 설득력을 잃게 될 것이다. 두 번째 질문은 이러한 "장" 자체의 특성과 연관된다. 테야르의 하나님인 오메가 포인트와 그가 주장하는 전체 진화과정에 미치는 오메가의 창조적 영향력은 미래와 연관되어 있는데, 이처럼 현재에 대한 미래의 의미라는 점에서 장 개념을 사용하는 것은 적절한가? 이 경우에 장 개념은 전통적인 방식으로 말해왔던 자연사의 목적 지향성, 즉 내적인 목적론을 대신하게 될 것인데, 장 개념은 이러한 과제를 만족시킬 수 있을까?

어쨌든 장 이론의 시간적 구조는 특히 양자 이론의 빛에서 보다 상세하게 설명되어야 할 것이다. 왜냐하면 양자 이론은 다른 장 이론들과 마찬가지로 더는 시간의 문제와 분리되지 않기 때문이다. 또한 이것은 이러한 장의 영향 안에 있는 자연사건의 우발성이 지니는 역할에 대한 물음과 연관되어 있다. 마지막으로 테야르의 오메가 포인트의 창조적 영향력을 에너지 장과 연관시킬 가능성이 긍정적이라 하더라도, 이러한 사태가 영의 현상과 관련되어 있는지는 여전히 점검해 보아야 한다.

V

영과 생명에 대한 테야르와 틸리히의 생각을 숙고하면서 우리는 다음과 같이 제안한다. 생명의 초월성을 영의 현상을 푸는 열쇠와 영적 실재라는 개념을 새롭게 규정할 수 있는 출발점으로 삼아야 한다. 이러한 제안은 부분적으로는 영적 경험의 탈아적 특성에 대한 틸리히의 생각에서 자극받은 것이지만, 생명의 과정은 결국 생명의 자기초월로 일어나는 것이기 때문에, 탈아적 경험을 생명과정의 일반적 현상과 분리시켜야 한다고 생각한 틸리히의 견해에 동의하진 않는다.

틸리히는 신학적 의미에서 영의 현존을 모든 살아있는 생명체의 생명과정에서 지속되는 자기초월과 분리시켰다. 이것은 무엇보다도 틸리히가 생명의 자기초월에서 결국 생명체 자체의 활동성이 관건이라는 전제를 의심하지 않았기 때문이다. 하지만 우리는 테야르의 영과 에너지에 대한 사유를 숙고하고 그의 "복사에너지" 개념을 진화과정에서 활동하는 에너지 장의 개념으로 대체함으로써, 생명의 자기초월의 과정을 더 복합적으로 파악할 수 있다. 즉, 생명의 자기초월은 생명체의 활동성으로 설명될 뿐 아니라 동시에 생명체를 부단히 그의 한계 너머로 이끌며 또한 이를 통해 생명체로 하여금 생명이 되게끔 하는 어떤 힘의 영향으로 설명된다. 생명의 자기보존과 자기통합의 기능은 이러한 자기초월의 지속적인 실행에 의존한다. 만약 생명의 자기초월이 생명체 자체의 자율적인 활동성으로만 기술될 수 있다면, 영적 실재를 생명체의 생명의 원천으로 가정할 여지는 분명 없을 것이다. 그러나 생명의 자기초월이라는 복합적인 현상이 앞에서 의미했던 방식으로 이중적인 측면의 서술을 요구한다면 이때는 새롭게 성령을 생명의 원천이라고 말하는 것이 의미 있을 것이다.

성서의 언어사용과 유사하게 영의 개념을 생명 전체의 현상에 포괄적으로 적용할 때, 이는 유기체의 자기초월적인 활동성을 진화과정의 넓은 맥락에서 이해해야 한다는 사실을 지시한다. 이런 점에서 진화의 과정은 생명의 결정적인 자기긍정을 지향하지만 또한 생명의 힘과 아름다움을 지닌 부분적인 형체들이 화사하게 산출되는 풍요로움을 특징으로 한다. 이 안에서 생명의 창조적이며 통합적인 활동성은 진화과정의 궁극적인 목표를 이미 현재에 선취한다.

모든 유기체적 생명의 자기초월에 근거하여 영의 개념을 새롭게 규정함으로써, 영의 개념을 단지 인간 의식에 제한시킨 영의 개념은 극복된다. 위에서 서술한 의미에서 영은 의식과 동일시되지 않으며 또한 우선적으로 의식 안에 현현하지도 않는다. 이것은 인간의 반성적 의식이 영의 힘에 참여하는 특별한 형태이며 새로운 단계라는 사실을 배제하지 않는다. 그 안에서 인간의 자기초월의 특별한 방식이 증명되고 있다.

인간은 자기 환경에서 자기 자신을 넘어가며 환경의 자원으로부터 살아갈 뿐 아니라, 자신의 주변을 자신의 것으로 주장하면서 변화시켜 나간다. 그뿐만 아니라 인간은 자기 자신의 현존재의 조건들을 변화시키기 위해 자신의 세계를 계획에 따라 변화시킬 힘도 가지고 있다. 이러한 사실이 전제하는 것은 첫째, 인간은 세계의 사물들을 그 특성 안에서 파악할 수 있고, 자신의 충동적인 소원과 관계하는 것만은 아니라는 사실이다. 인간은 다른 어떤 동물도 할 수 없는 객관적인(sachlich) 방식으로 자신과는 다른 사물들 "곁에" 있을 수 있다. 인간의 행위를 통해 계획적으로 세계를 변화시키기 위해서는 다음의 두 번째 전제가 요구된다. 인간은 자신의 현재와 미래를 구분함으로써 미래를 기획할 수 있다. 이것은 인간을 자신의 현재의 주인으로 만든다.

이 두 측면은, 인간은 자기 너머에 서 있을 수 있다는, 즉 인간은 이러한 간격을 통해 자기 자신을 파악할 수 있다는 더 근본적인 전제에 근거해 있다. 다른 말로 하면 인간은 반성적 사유의 능력을 가지고 있다. 인간의 반성적 의식은 자기 자신 너머에 존재하는 특별히 인간적인 현존재 양식을 강하게 드러내고 있다. 인간이 자기 자신 너머에 존재하기 때문에 인간은 바로 그 자신, 곧 단지 특정한 개인일 뿐 아니라 그 자체로 곧 인간이다. 그러나 그가 자기 자신 너머에 서야만 하기에, 인간적 의식 그 자체로는 자기 경험의 통일성을 보장할 수 없다. 오히려 인간적 의식은 그 자신 너머에 있는, 자신의 경험들에 통일성을 부여하는 하나의 실재(Wirklichkeit)에 의존해야만 한다.

우리는 어떻게든 통합적인 하나의 실재로서 선취되는 더 넓은 의미지평의 내부에서만 특별한 것을 파악한다. 이러한 사실은 모든 추상적인 사유활동의 밑바탕에 놓여 있다. 그러나 개별적인 삶 너머에서 이를 뒷받침하는 통일성은 인간 공동체 안에서 구체적인 것으로 체험된다. 따라서 반성이라는 특징을 지닌 인간적 의식의 단계에서 개인을 위한 사회의 의미가 새로운 차원에 도달한다. 즉, 개인과 달리 사회는 개인의 고유한 실존의 통일성과 정체성에 대한 개별적 경험을 위한 본질적 구성요소이다. 이런 특별한 방식으로 인간은 단순히 무리의 일원으로서가 아니라 공동체를 인정함으로써 사회적 존재가 된다. 사회 안에서 인간의 공통점이 표현된다는 점에서, 사회는 개인의 인간성 자체를 뒷받침하기 때문에 개인적인 독특성에 앞서 우선권을 갖는다. 다른 한편, 사회는 다만 개인들로 구성되기 때문에 사회의 통일성의 최종적 근거는 또 다시 사회라는 그 구체적인 제도 너머에서 찾아져야만 한다. 즉, 사회적 존재로서 인간은 동시에 종교적 존재이다.

인간의 자기초월의 특별한 형태가 더 좁은 의미에서 소위 모든 인간의 정신적인 활동과 성과에 나타난다는 것은 자명하다. 인간의 세계개방성과 탈(脫)중심성의 자기초월은 추상적 사유를 할 수 있는 인간의 자질뿐 아니라 신뢰와 사랑 그리고 희망의 행위 속에서도 나타난다. 이것은 개인의 정체성 추구만이 아니라 공동체적 삶과 제도들에 토대가 되며, 특히 언어를 통한 의미들의 상징적 세계에 기초한 문화세계의 창출에도 토대가 된다. 이 모든 삶의 형태 안에서 인간은 동시에 창조적으로 자유로우면서도 또한 그 자신을 그 너머로 승화시키는 영적 실재의 피조물이다. 인간의 영적인 삶[13]의 가장 창조적인 행위는 이런 주장에 대한 가장 인상적인 사례들을 제공한다. 예술가의 창조적인 기획, 진리의 갑작스러운 발견, 의미 충만한 실존의 순간으로 해방되는 경험, 도덕적 참여의 힘 – 이 모든 것은 영감(靈感)의 방식으로 우리를 덮친다. 이런 모든 경험은 우리의 마음을 고양시키는 힘, 곧 영의 능력의 실재성을 증언한다. 인간 자신이 가장 결정적으로 창조적인 바로 그 때, 그는 자신을 그 너머로 고양시키는 영적인 힘에 사로잡히게 되었음을 가장 강렬하게 의식한다. 그러나 이러한 영적 현존은 아주 드물게 일어나는 영적 승화(昇華)의 특징이다. 그뿐 아니라 이것은 우리의 일상적인 태도의 영역에서도 우리의 삶을 관통한다. 왜냐하면 삶은 비록 폐쇄성의 부정적인 움직임이 있지만, 그럼에도

---

13 geistiges Leben은 정신적 삶으로 번역될 수 있다. 판넨베르크는 본문에서 geistig라는 단어와 spirituell이라는 단어를 함께 사용하고 있다. 인간과 관련해서는 '정신적'으로, 하나님과 관련해서는 '영적인'으로 번역할 수도 있다. 아무튼 '정신적'이라고 번역할 때도, 그 의미를 단지 인간의 의식이나 지성의 측면으로 한정시켜서는 안 된다.

세계개방성을 토대로 하기 때문이다. 영적인 자유와 창조력이라는 특출한 경험들이 일반적으로 인간 실존의 독특성을 특징적으로 보여주는 것이기 때문에 이상한 것은 아니다.

하지만 인간의 삶은 영적 힘에 무한정으로 연결된 것은 아니다. 우리 모두 패배와 낙망의 시간을 경험한다. 우리의 삶에 참된 통일성과 의미가 없는 것처럼 보이는 순간들도 우리는 체험한다. 개인과 개인 그리고 개인과 사회 사이의 관계 속에서도 갈등과 억압과 폭력이 발생한다. 거기에 불행과 죄책, 무능력, 질병과 죽음이 놓여 있다. 이와 함께 의미 있고 행복한 삶의 순간들이 다만 파편적인 형태로만 반짝인다. 그리고 죽음의 순간에 우리 삶의 전체성은 열린 질문으로 남는다. 파울 틸리히가 그렇게 웅변적으로 표현할 수 있었던 삶의 이중성의 변증법적 공간은 매우 넓다. 이런 일에 직면해서도 애정 어린 관심, 서로 간의 신뢰, 우리 삶에 의미와 희망을 주는 경험들은 초자연적인 사건처럼 느껴질 수밖에 없으며, 특히 삶이 파괴되고 위태롭게 될 수 있음에도 이로 인해 우리의 삶이 지속적인 동일성과 통합성을 얻을 수 있을 때는 더욱 그렇다. 바로 이러한 방식으로 죽음에 더는 귀속되지 않을 새로운 생명에 대한 약속을 담고 있는 그리스도교의 메시지는 흔들림 없는 새로운 확신, 영의 새로운 현존을 전달한다. 메시지가 갖는 생명의 중심은 하나님의 미래에 연관되어 있다는 확신 안에 있다. 이 확신은 곧 그리스도의 형상을 통해 몸소 나타났고, 그 이래로 인류의 역사 속에 영향력을 발휘하고 있다. 그러나 신앙의 사귐을 충만하게 하는 이러한 새생명의 영은 모든 생명체에 기운을 불어

넣고 살리시는 분의 영과 동일하다. 또한 엄청난 다양성 안에 놓여 있는 생명체가 자기초월을 할 수 있도록 영감을 불어넣는 모든 생명의 근원과 동일한 영이기 때문에, 그리스도교 공동체 안에서 활동하되 세상 도피적인 경건의 마취제를 제시하진 않는다. 오히려 생명의 영은 신앙인에게 현존하는 세계의 부조리와 역경을 감내하면서 마침내 극복하게 하는 힘으로서 자신을 제시하신다.

인간 – 하나님의 형상?

지금까지 인류의 역사에서 인간 현존재의 의미는 대개 종교적으로 이해되었다. 인류는 파악할 수 있는 사물들, 전망할 수 있는 상황들과 과정들에 둘러싸여 살아가는 것만이 아니라, 보이지 않는 힘들[01]과도 대면하고 있음을 알고 있었다. 결국 인생의 성공과 실패가 이 힘들에 달려 있다고 생각했다. 인류는 인간이 마음대로 처분할 수 없는 이러한 힘들을 적어도 그 특징이라도 알고 이것들

01 여기서 힘은 독일어 Macht의 번역이다. 아래쪽에 독일어 Kraft는 역동이라 번역했다. 보통 Macht는 권력으로 번역되기도 하며 정치적이고 사회적이고 정신적인 힘을 뜻하는 반면, Kraft는 보다 물리적인 힘을 의미한다. 판넨베르크는 위 본문에서 Macht는 보이지 않는 힘을, Kraft는 가시적이고 관측가능한 힘을 지시하는 용어로 기술한다.

과 어떤 관계를 맺고자 애썼다. 이것이 수천 년을 흘러온 종교적 인식과 제의적 행위의 주제였다. 제의공동체의 일원으로 인간은 그가 숭배하는 신적인 힘의 피보호자와 동행인이 되었다. 이로 인해 인간의 삶은 더 깊은 의미를 얻게 된다. 자연의 사건들과 인간 공동체의 사건들, 개별적인 일상의 업무들, 삶의 위협들과 재난들 그리고 삶의 절정들, 이 모든 것은 하나의 의미연관성 안에 자리하게 되었고, 이 하나의 의미연관성은 직접적으로 붙잡을 수 있는 것과 처분할 수 있는 것뿐 아니라 이를 넘어 개인과 그의 혈족과 민족의 삶까지 포괄하고 지탱해 나갔다.

오늘날의 인간에겐 여러 면에서 종교들의 주제가 되었던 힘들이나 힘의 의미가 사라졌거나 적어도 무뎌졌다. 우리는 자연 속에서, 인간의 태도 안에 그리고 사회 속에 활동하는 역동들을 합리적으로 관측하고 통제할 수 있는 것으로 여긴다. 과학의 진보에 자연과 사회는 자신의 비밀들을 떠넘겨 버렸다. 그렇다면 여전히 신적 힘들을 위한 공간은 남아 있는가? 오늘날 많은 사람들은 인간이 신의 형상을 따라 창조되었다고 생각하기보다는 오히려 인간이 자신의 형상을 따라 신들을 만들었다고 생각한다.

실제로 근대과학과 기술이 급속도로 발전하면서 인간 스스로 세계의 주인으로 올라서게 되었기에 인간이 신을 밀쳐냈다는 인상을 받고 있다. 하지만 흔치 않게 종종 간과되는 것이 있다. 즉, 세계에 대한 인간의 통치라는 생각은 인간을 하나님의 형상으로 보는 성서의 사유에 속해 있기에, 이것이 인간과 신의 경쟁을 의미한다고 아무렇지도 않게 생각해서는 안 된다. 게다가 인간은 신과의 유사성에서 멀리 떨어져 거기에 이르지 못했다.

하지만 장 폴 사르트르와 같은 무신론자도 니체의 궤적을 따라 다만 신이 되고자 하는 인간의 '욕망'에 대해 말할 수 있었다는 사실이 놀랍다. 욕망은 추구된 목표로부터 떨어져 있음을 드러낸다. 즉, 인간의 삶이 그러한 욕망의 재배 아래에서 시행되고 있듯이, 어떤 인간도 자신의 삶에서 이루어질 수 있는 현재적 성취를 완전히 소홀히 하진 않는다. 만약 삶의 충만을 인간이 이미 현재 경험할 수 있다면, 삶의 충만은 인간의 상황과 형편이 부족한 가운데에서도 경험될 수 있어야만 하고, 그러한 부족함이 궁극적으로 완전히 제거된 후에야 비로소 이루어지는 것이어서는 안 된다. 삶이 무너지고 실패하고 악의적으로 왜곡될 수 있음에도 삶이 성취되고, 그래서 현재의 행운으로 붙잡을 수 있다는 사실은 그야말로 삶의 비밀에 속한다. 이런 일이 일어날 때, 이것은 항상 선물이지 결코 강요될 수 있는 것은 아니다. 이때, 일상에서나 비일상적인 사건들을 지배하며, (어떤 요구를) 들어주거나 거절하는 어떤 힘이 자신을 드러낸다. 이러한 비밀스런 힘을 의식하고 그것의 활동을 감지하는 것은 종교적으로 깨어있는 사람의 특징이다.

오늘날 사람들은 종교들과 종교성이 인류발전의 과정에서 이젠 극복된 단계에 속한다는 견해를 종종 접한다. 물론 전승된 종교들에 속하는 많은 것이 삶의 다른 영역과 마찬가지로 이젠 회복할 수 없는 옛것이 되었다. 하지만 마치 히포크라테스 시대 이래로 엄청나게 변화해 왔던 의학이 그렇듯이 종교와 종교성 자체가 이와 더불어 사라져야만 하는 것은 아니다. 진정 종교들의 종말을 말하는 자는 인간의 삶의 핵심적 비밀을 놓쳤다는 의심을 받으며, 또한 삶의 나약함과 제약성 한가운데서 삶의 성취가 드러나고 감추어진다는 사실을 놓쳤다는 의심을 받게 된다.

자연과 역사는 예로부터 신적 현존을 매개하는 것으로 경험되고 전승됐지만, 종교적 의미의 기준이 되는 신적 실재가 자연과 역사와 맺는 관계는 변화해 왔고 계속 변화하게 될 것이다. 하지만 이 때문에 삶의 충만을 결정짓는 힘 또는 힘들에 대한 종교적 의미가 그 중요성을 잃어버린 것은 아니다. 종교적 의미는 시초부터 인간에게 적어도 불과 도구의 사용 능력만큼이나 매우 특징적이었다. 이것은 오늘날 철학적 인간론이 이런 현상을 너무나 자주, 전적으로 간과하든지 아니면 다만 언저리에서만 언급한다. 이것은 생각해 볼 필요가 있는 세계관적 편견이다. 인간 행태의 고유성을 규정하고자 하는 그 어떤 시도도 우리가 역사적으로 알고 있듯이 인간이 종교적 존재로서 이 세계의 무대에 들어섰다는 사실을 간과할 수는 없다.

인간과 그의 신들은 서로에게 속해 있다. 이것은 종교에 관한 인간학적 의미에 있어서 진리의 계기이며, 종교는 인간의 갈망, 소원 그리고 불안을 반사하는 거울이다. 예전부터 인간은 자기 자신, 즉 자신의 고유한 본질과 자신의 숙명[02]과 세계 내에서의 자신의 위상을 그가 숭배하는 신적인 힘의 거울 안에서 감지해 왔

02 숙명으로 번역된 단어 Bestimmung은 흔히 규정으로 번역된다. 하지만 판넨베르크에게 이 단어는 인간에게 주어져 있으면서 앞으로 그렇게 전개해야 할 운명적 길을 지시하고 있기에 숙명이라고 번역하였다.

다. 또한 신들이 인간의 또 다른 환영(幻影)은 아니라는 사실도 이미 말해왔다. 만약 신들이 없었다면 인간은 영원과 완전을 갈망하는 존재가 결코 아니었을 것이다. 인간은 이러한 자신을 신들의 거울 안에서 경험한다.

따라서 인간이 자기자신에 대한 표상을 희생하면서 자신의 신들을 풍성하고 완전하게 만들어 냈다는 주장은 그릇된 것이다. 루트비히 포이어바흐는 인간의 종교적 자기소외라는 화제(話題)를 끄집어냈다. 프리드리히 니체는 이를 다음과 같이 표현했다. "... 인간은 자신의 강렬하고 놀라운 모든 순간을 자신의 것으로 삼으려 하지 않는다. 인간의 모든 위대함과 강함을 초인간적인 것으로, 낯선 것으로 생각해 낸다는 점에서 인간은 자신을 축소시켰다." 그러나 이것은 옳지 않다. 왜냐하면 신적인 힘의 빛에서 오히려 인간은 그 자신의 고유한 숙명의 풍요로움을 발견했기 때문이다. 인간의 삶을 성취하거나 가로막는 실재의 비밀스러운 깊이에 대한 종교적 경험이야말로 가장 가까운 것과 일상적인 것 위에 인간을 고양(高揚)시켰고, 거대한 전체로서의 세계와 그 안에 놓인 인간의 과제와 가능성에 대해 시야를 열어주었다. 종교적 고양은 인간에게 내면성의 풍요함을 선사하며 인간은 자신의 고유한 제약성과 실패를 의식하고, 또한 이를 통해 완전한 것의 현존 안에 살아간다. 종교를 통해 인간은 일상의 근심과 즐거움을 넘어서는 삶의 영예와 위로를 알게 되었다. 인간은 신들로부터 사랑과 은혜를 받는 자로 자신을 경험한다. 또한 오직 신만이 수여할 수 있는 은혜가 그들에게 주어지지 않을 때, 그러한 신적 성취에서 벗어난 삶은 완전히 무미건조하고 굉장히 허무한 것으로 보인다. 어떤 종교이든 궁극적으로는 인간이 신들의 영광과 힘에 참여하는 것이 우선이다.

그런 점에서 사람들이 종종 자신의 신들이 완전성을 소유하고 있으며, 이것을 종교적으로 고양된 경험을 통해 자신들에게도 나눠준다고 생각했다는 것은 놀랄 일이 아니다. 신과 인간의 공속성이 종교적 삶에서 표현된다. 이러한 공속성은 신들을 인간적인 형상으로 표현하는 근거를 형성한다. 하지만 이러한 표현방식이 원시적이며 비문명화된 의식(意識)에서 나타나진 않는다. 오히려 그 반대다. 자연과 사회의 생활 속에서 신적 권능이 나타나는 강력한 현현방식의 깊이에서 사람들이 인간과 같은 얼굴을 감지하고 이와 더불어 신과 인간이 결속됨을 인지할 때, 높은 수준의 차별화된 형태로 형성된다.

우리가 살펴본 것처럼 신적인 것과 인간적인 것의 공속성을 단순한 인간의 행위로, 즉 인간 자신의 이상적인 형상을 기획한 것으로 치부할 때, 이런 공속성은 적절하게 이해될 수 없다. 오히려 인간은 이러한 거울을 통해 비로소 자기 자신을 매번 발견하고 되찾는다. 따라서 인간을 하나님의 형상이라고 할 때 중요한 것은 이것이다. 비밀스런 신적 권능은 인간 삶의 성공과 실패를 결정하는데, 인간의 본질과 비밀스런 신적 권능은 상호 공속한다. 따라서 인간은 그의 하나님 경험으로부터만 자신의 본질을 발견하고 되찾게 된다. 이러한 사정이 신과 신들을 인간과 유사하게 표현한 모든 종교적 표상과 서술의 근저에 이미 놓여 있다.

하나님의 형상을 근대 인간학의 언어로 번역하고자 한다면, 인간의 '**인격성**'(Personalität)이 어쩌면 구약성서의 하나님 형상에 가장 정확하게 상응할지도 모른다. 놀랍게 들릴지 모르지만 인격성과 하나님의 형상 사이에는 구조적 공통점만이 아니라 정신사적 연관성도 제시될 수 있다. 물론 인격에 대한 근대사상과 문자적으로 상응하는 것이 성서에는 없다. 하지만 인격성과 가장 밀접하게 연관되는 인간의 인격 '존엄'에 내용적으로 상응하는 것이 구약성서에 있는데, 인간을 하나님의 형상으로 이해한다는 사실이다. 인간의 하나님 형상됨에서 인간을 해쳐서는 안 된다는, 인간의 피를 흘리게 해서는 안 된다는 명령이 인간을 위해 정초되어 있다. "사람의 피를 흘리게 하는 자는 그 자신의 피도 사람을 통해 흘리게 될 것이다. 왜냐하면 하나님은 인간을 자신의 형상으로 만들었기 때문이다."(창세기 9장 6절) 사람의 생명을 해치는 자는 하나님께 잘못을 행한 것이다. 이것은 분명 인간생명의 침해불가에 대한 특별한 종교적 근거이다. 하지만 인격 침해불가에 대한 근대의 확신에도 종교적 동기는 깊숙하게 자리하고 있다. 물론 인간생명은 손상되어서는 안 되며 동료인간의 인격중심은 다른 사람이 마음대로 처분할 수 있는 폭력에서 벗어나 있다는 사실은 그 자체로 자명한 것도 아니며 인간에 대한 학문의 어떤 경험적 소견에서 비롯된 것도 아니다. 우리가 마음대로 할 수 없는 동료인간의 개인적 자기규정의 중심을 존중한다고 할 때, 여기서 관건은 소위 자연과학적으로 확증된 사실이 아니라 신앙의 자세이다.

이에 대해 이전에도 착각하는 것이 가능했었다고 하더라도, 어쨌든 우리시대에는 그러한 경계를 넘어 인간을 하나의 사물처럼, 그의 신체뿐 아니라 또한 정신과 감각적 삶까지도 좌우하는 것이 정말 가능하다고 배우고 있다. 특별히 인간적인 것이 이와 더불어 파괴되었다. 또한 자연과 역사를 다루는 것이 가능해진 만큼 유감스럽게도 그 안에 있는 하나님의 실재성을 감지하지 않고서도 이것들을 다루는 것이 가능해졌다. 이러한 우리 자신의 태도는 여기저기서 동료로서의 인간과 하나님의 실재성에 대한 경험을 방해하는 장벽을 쌓게 된다. 동료인간의 인격적인 자기규정을 침해 불가한 것으로 존중하는 곳에서만 그를 대화의 상대자(Du)로서 경험될 수 있다. 하지만 이러한 존중에는 조심스러움이 놓여 있는데, 이는 이 사람 또는 저 사람에 대한 태도로부터 정초될 수 있는 것이 아니라, 오히려 더 깊은 뿌리에서 자라나는 것이다. 이처럼 동료인간의 인격에 대한 경건한 조심스러움은 구약성서가 살인금지의 근거로 제공하는 인간의 하나님 형상됨에 대한 지시에 상응한다.

물론 인격성(Persönlichkeit)에 대한 근대사상이 순수 성서적 근원을 가진 것은 아니다. 언어적으로는 라틴어로 소급된다. 페르조나(persona)라는 단어는 그리스어의 프로소폰(prosopon)과 마찬가지로 우선 얼굴, 인간의 얼굴을 뜻하며, 그 다음 연기자가 어떤 역할과 자신을 동일시하기 위해 쓰는 가면을 의미한다. 그후에 법률적 용어로 페르조나는 유일회적인 개인을 뜻하게 되었다. 특히, 얼굴이 개개인의 고유성을 특별히 표현하기 때문에 아무래도 그런 의미에 이 단어가 적합했다. 인격/위격(Person)이란 단어는 초기 그리스도교 시대에 이르러 풍부한 의미를 지니게 되었다. 고대 교회 신학자들이 세 신적 위격(Person)과 신적인 것과 인간적인 것의 통일성을 지닌 예수의 인격(Person)에 대해 논쟁함으로써 인격개념은 보다 엄밀하게 사유되었다. 그 결과는 하나님 형상으로서의 인간이라는 사상에서 이미 발견했던 신적인 것과 인간적인 것의 공속성을 주목할 만한 방식으로 암시한다.

보에티우스는 6세기 초 동(東)고트왕 테오데리히의 집정관이었는데, 그는 인격을 이성적 본성을 지닌 개별자라고 규정했는데, 이러한 표현이 인격에 관한 고전적 정의로 인정된다. 모든 개별자가 인격이 아니라, 다만 이성을 가진 개인만이 인격이다. 이 문장은 그리스적 사유에 익숙한 표현, 곧 인간을 이성적 생물체로 표현한 것을 연상시킨다. 이성, 로고스에의 참여는 동물보다 인간이 우월하다는 것을 드러내며 그의 인격성을 정초시킨다. 하지만 그리스적 사유에서 이성은 단순히 인간의 속성만은 아니었다. 오히려 참으로 신적인 것을 표현했다. 즉, 이성에 대한 인간의 참여, 곧 만유를 관장하는 로고스를 파악할 수 있는 그의 능력은 곧 신적인 것에 대한 참여를 의미했다.

우리가 본 바와 같이, 인간의 인격성에 관한 근대의 사유는 구약성서에 출발점을 두고 있으며 또한 그리스 사상에 제2의 뿌리를 두고 있다. 이 두 가지 뿌리는 종교적 성격을 지니며, 인간이 신적 영역에 속했다는 사실, 즉 신의 형상을 닮았다는 사실을 지시한다. 인간을 이성적 존재로 이해했던 그리스적 사유 안에서 초기의 그리스도교 신학자들이 구약성서의 신의 형상성을 재인식했다는 사실은 우연이 아니다. 이미 2세기에 하나님이 인간을 자신의 형상대로 창조했다는 구약성서의 구절은, 하나님께서 로고스를 인간에게 수여했으며, 이는 예수에게 온전히 충만하게 나타난 로고스와 동일하다고 해석되었다. 또한 이것은 예수를 통해서 비로소 인간의 숙명, 곧 인간의 참된 인간성이 온전히 실현되었다는 것을 의미하며, 예수야말로 하나님의 완전한 형상이며 처음부터 하나님의 인간창조를 위한 잣대였다는 신약성서의 가르침에 부합한다. 우선 하나님과 그분의 불사(不死)적 생명과 완전히 결합된 사람만이 인간의 본질을 성취한다. 이것은 인류사의 시초부터 인류가 신들에게서 얻을 수 있는 경험을 통해 우회적으로 자기 자신을 발견했다는 사실에 부합한다. 이처럼 인간이 자신의 하나님 없이는 참으로 인간이 아니라는 사실은 하나님께서 자신을 한 인간의 인간성 전체와 결합시킴으로써 그 사람과 전적으로 하나가 된다는 그리스도교적 신앙을 통해 극명하게 증명된다. 바로 이 한 사람은 하나님과 자신의 하나됨을 통해 참된 인간성, 곧 인간의 인간성을 전적으로 밝히 드러내셨다.

그러므로 인간이 하나님과 결합되어 있으며 하나님을 닮았다는 생각에 새로운 방향이 생겨났다. 인간은 처음부터 하나님의 형상으로서 완성된 것은 아니다. 오히려 인간은 자기 숙명의 획득을 향해, 곧 하나님과 결합된 참된 인간성의 실현을 향해 나아가는 하나의 역사를 가진다. 인간의 인간됨의 이러한 역사의 목표는 예수 안에서 이미 나타났으며, 이로써 그 이후의 모든 역사의 주제는 다음과 같다. 모든 인간은 여기서 나타난 참된 인간성에 참여한다. 또한 인간의 인격됨(Personsein)은 이러한 역사적 운동에 참여한다.

인격으로서 개별자는 아직 완전하게 성취되지 못한 인간의 인간성과 연관되며, 바로 이러한 사실은 동료인간의 인격적 신비(Persongeheimnis)를 존중해야 한다는 요구와 연관된다. 우리가 무엇이 될지는 아직 나타나지 않았다. 모든 인간의 삶은 이러한 신비와 맞닿아 있다. 한 인간에게서 발견될 수 있는 능력이나 공동체에 유용한 자질로 그를 판단하고 대우할 때, 그의 인격적 신비는 상처를 받게 된다. 동료인간을 인격으로서 존중한다는 것은 또한 그를 그 자신에게서 보인 것으로 축소시키지 않는다는 사실을 의미한다. 사랑의 눈은 다른 사람 안에서 모든 사람이 보는 것만 보지 않는다. 오히려 그가 지닌 인격적 신비의 빛에서, 곧 신적 규정(göttliche Bestimmung)의 빛에서 그 사람을 본다.

마지막 문장들은 인격에 대한 그리스도교의 특별한 의미를 이미 선점하고 있다. 우리가 기억하듯이 그리스도교 신학은 인간을 이성적 존재로 파악한 그리스 사상을 하나님께서 자신의 형상대로 인간을 창조하셨다는 구약의 말씀과 연결시켰고, 또한 예수 안에서 비로소 하나님의 형상뿐 아니라 참된 인간성이 온전히 발현되었다는 신약의 사상과도 연결시켰다. 따라서 인간을 이성적 존재로 파악한 그리스 사상은 점차적으로 구약성서로 인해, 특별히 그리스도교적 특징 때문에 변화되어 갔다. 이러한 방식으로 근대의 인간성에 대한 이해가 역사적으로 발생한 것이다. 오늘날 우리가 인간을 인격이라고 할 때, 분명 우리는 인간이 이성적 존재 이상이라고 말하고 있다.

이처럼 인간이 이성적 존재 "이상"인 것은 우리가 앞서 인간의 인격적 자기규정에 대해 이미 말했던 것 안에서 암시되었다. 세계를 주관하는 로고스를 인간이 이성적으로 파악한다는 점에서 인간의 인간됨(Menschsein)을 오늘날 이해하는 것은 아니다. 이러한 인식이 인간적 가능성의 틀을 파괴하는 것은 아닌가? 이에 대해 우리는 회의적이지만 오늘날의 판단에서는 인격적 자기규정, 판단과 결단의 자유가 인간의 인격됨(Personsein)에 당연하게 속하는 것처럼 보인다.

자유라는 주제는 그리스도교 신학을 통해 비로소 설립된 것은 아니지만 그리스도교 신학은 자유를 인간의 자기이해의 중심에 정초시켰다. 자유 안에서 인간은 하나님의 형상이다. 하나님은 모든 것을 무로부터 창조하셨다. 이미 인간이 하나님의 형상이라는 구약의 사상은 특히 통치자가 부재할 때, 그의 영역 안에서 통치자의 통치를 대표(代表)하는 형상의 기능을 강조했다. 이처럼 인간도 또한 하나님의 현존과 그분의 피조된 세계 안에서 하나님의 통치를 표현한다. 세계에 대한 하나님의 통치를 인지하라는 요구는 성서의 창조기사에 따르면 모든 피조물 중 인간의 특별한 지위에 대한 근거를 제공한다. 이러한 생각은 그리스도교 신학에 의해 항상 새로운 자극으로 전개되었고 인간의 자유와 결합되었다. 최고의 정점은 15세기 독일 추기경인 니콜라우스 쿠자누스(Nikolaus von Kues)에 의해 표현되었다. 그는 인간의 자유를 하나님의 모상으로 규정하였고, 이것이 창조적 생산, 특히 사상적 기획과 기술적 모델 속에 표출된다고 보았다. 이러한 생각은 근대사상의 전제 중 하나이다. 근대사상에서 인간은 합리적 구상과 기술을 통해 세계와 관계한다.

하지만 자유의 사상은 세계에 대한 인간의 통치와 연관될 뿐 아니라, 인간이 인간 자신과 맺는 관계, 그리고 동료인간과 맺는 관계, 또한 사회와 맺는 관계와도 연관된다. 이처럼 포괄적인 의미에서 헤겔의 철학은 근대적 자유를 의미심장하게 그리스도교의 성육신 신앙의 열매로 해석했다. 자유는 인간과 절대적 진리의 일치로부터 성장하며, 절대적 진리와의 일치는 우선 예수의 유일한 인격 안에서만 발생했다고 믿었지만, 이후 종교개혁을 통해 일반적인 것이 되었다고 보았다. 왜냐하면 그리스도 안에 일어난 하나님과 인간의 일치에 누구나 신앙을 통해 참여할 수 있었기 때문이다. 하지만 절대적 진리와의 일치로 인해 인간은 개별적인 현존재를 넘어서게 되며, 근대의 길을 열어주었던 보편적 진리에 헌신하게끔 된다고 보았다.

헤겔은 또한 인간의 자유가 종교적 토대를 요구한다고 보았다. 자유는 오직 절대적 진리에 참여함으로써, 자기 삶의 신적 비밀과 결합됨으로써 생겨난다. 물론 이렇게 말할 수도 있다. 자유는 하나님의 형상에서 생겨난다. 만약 자유가 이러한 뿌리로부터 잘려나간다면 자유는 껍질만 남게 될 것이다. 그때는 다만 이렇게도 결정할 수 있고 저렇게 할 수 있는 무미건조한 형식상의 자유만 남게 된다. 이러한 형식상의 자유가 아무런 내용적 가능성에 이르지 못하면 무용지물이 된다. 그래도 인간은 자유롭다고 생각한다면, 이는 환상이다. 이러한 의미에서 칼 마르크스(Karl Marx)는 그저 형식적으로만 이해된 부르주아적 민주주의의 자유에 대해 올바른 비판을 가했다.

그리스도교 신학은 처음부터 자유를 내용적으로 이해했다. 곧 진리와 하나님의 생명에 관한 참여로, 하나님의 형상으로 이해했다. 따라서 신학에 의하면 사멸성에 빠져 있는 인간은 비록 이렇게 또는 저렇게 결정할 수 있는 능력이 형식상 남아있다고 하더라도 부자유하다. 또한 이런 인간의 자유를 위해 그에겐 자신의 참된 숙명을 향한 해방, 곧 하나님과의 사귐에서 생겨나는 자유를 향한 해방이 필요했다. 모든 개별적 인간 안에 있는 이러한 자유를 향한 숙명을 주목하는 것은 그 안에 있는 하나님의 형상을 영예롭게 여기며, 인간의 인격 비밀[03]을 존중한다는 것이다.

하지만 그 핵심내용은 사랑이다. 자유는 사랑으로 살아간다. 사랑하는 자만이 진실로 자유롭다. 따라서 다의적인 단어인 사랑은 자유로운 관심과 창조적인 관심의 의미에서 이해된다. 이러한 사랑으로 예수의 하나님은 죄인을 받아주셨고, 또한 예수 자신이 경건한 자들과 점잖은 자들의 사회에서 밖으로 추방된 자들을 식탁에 초대하셨다. 이것이 바로 니체가 칭송해 마지않던 "베풂의 덕"(schenkende Tugend)이다. 물론 니체는 그 자신이 이를 통해 그리스도교적 사랑을 드높이고 있다는 사실을 모르고 있었다. 이러한 베풂의 덕은 이전 상황에서 자유하다. 왜냐하면 이전 상황을 변

03 Persongeheimnis의 번역으로 인간의 인격성 자체가 누군가에 의해 드러날 수 없고 함부러 처분될 수 없는 비밀에 속함을 의미한다.

화시키며 개선하고자 하기 때문이다. 비록 베풂의 덕이 진리에 대한 사랑이나 어떤 사상에 대한 사랑으로 나타난다고 해도, 그리고 영의 작품이나 기술적인 조작 안에서 표현된다 해도, 이때 그 영향력은 적어도 다른 사람들, 곧 인류의 일원에게 항상 간접적으로 전달된다. 케네디 대통령이 베풂의 덕이 지닌 본질을 매우 격정적으로 자신의 국민들에게 다음과 같이 호소한 것은 잘 알려진 사실이다. "국가가 여러분에게 무엇을 해 줄 것인지를 묻지 말고 국가를 위해 여러분이 무엇을 할 것인지를 물어라." 덧붙이자면 여기서 자명하게 의미하는 바는 비뚤어진 애국심이라는 우상숭배가 아니라 인간성을 위해 자신의 국가에 봉사하라는 것이다.

사랑에 대한 그리스도교적 생각은 또한 인격성에 관한 현대적 이해를 형성시켰다. 인간의 인격은 매순간 '너'(Du)와의 관계로서 실현되며 이러한 관계는 사랑 안에서 완성에 이른다.

'너'와 관련해서 '나'(Ich)를 인격으로 사유하는 것은 그리스도교의 삼위일체론에서 먼저 발전되었다. 예수는 아버지에 대한 그의 "순종"을 통해서만 하나님의 아들이다. 또한 아버지는 아들을 낳음으로써 그리고 그를 지지함으로써만 자신의 존재를 가지고자 한다. 서로에 대한 교환적 헌신과 성령의 역사와 인간성의 구원에 대한 헌신 안에서만 신적 위격들(Personen)은 아버지와 아들로서 자신의 인칭적(personal) 동일성[04]을 가진다. 이러한 사랑의 상호성 안

04 성부, 성자, 성령 세 위격(Person)은 서로가 서로를 대면하고 구분된다는 점에서 인칭적 동일성을 갖는다.

에서만 그리스도교 하나님의 단일성이 생동한다.

인격됨에 대한 이러한 이해는 이미 중세에 상호적 인간관계에 전이되었고, 19세기에도 다시 그런 일이 일어났다. 인격성이란 이제 '나'와 '너'의 관계로서 이해되었다. 인간의 인격됨은 개인이 자신을 위해서만 갖는 자유 안에서 소진되지 않으며 오히려 동료인간에 대한 생생하고 그윽한 애정 안에서 비로소 성취된다. 물론 '너'와의 관계가 사회와 인류라는 맥락에서 절연된 개인적 관계성으로 오해되어서는 안 된다. 베풂의 덕으로서의 사랑은 모든 개별적인 '너' 안에서 인류를 향한다. 이 사랑이 모든 동료인간과의 관계 안에서 인류의 개념을 가져다주며 상대에 대한 모든 예속으로부터 인류의 개념을 보호하는 척도를 가져다준다.

이러한 방식으로 그리스도인은 예수 안에서 그를 통해 계시되신 하나님의 형상, 곧 부성적 사랑을 보이신 하나님의 형상을 발견한다. 하나님의 형상으로서 예수는 인류애의 원상(原像, Urbild)이다. 모든 개별적 인간은 자신의 인간적 숙명에 다가간다. 이것은 참으로 인간적이며 참으로 자유롭게 되기 위해 그의 삶이 예수의 활동 안에 계시된 하나님의 사랑의 형상으로 어느 정도 변화될 것인가에 달렸다.

하나님의 형상은 어떤 경우에라도 언제나 그렇다는 식의 단순히 자연적 상태의 인간을 뜻하지 않는다. 인간은 자기 삶의 신적 비밀을 향해 정직하게 개방된 가운데서 참으로 그 자신이 되며, 세계와 동료인간을 향한 자유로운 애정 안에서 인격이 된다. 이것이 인간의 숙명이요, 여전히 실현되지 못한 인간의 미래이다. 이것은 하나님으로부터만 그에게 부여될 것이다. 인간의 인간됨에 대한 갈망과 고투는 종교사의 숨겨진 주제를 형성한다. 역사에서는 항상 하나님과 인간이 함께 드러나며, 인간은 자신의 하나님 경험의 빛에서 드러난다. 신적 비밀의 의미가 사라지는 곳에서는 인간상이 왜곡되거나 적어도 대수롭지 않은 것으로 치부된다. 따라서 종교적 주제는 인간과 관련되어 있기에 단순히 배제해 버릴 수 없다.

하나님은 우리에게 어떻게 계시되는가?

전제: 숨어계신 하나님

누군가 묻는다. 하나님은 어떻게 계시되는가? 그는 하나님의 실재성에 어디서나 그리고 항상 똑같이 접근할 수 없다는 사실을 이미 알고 있다. 하나님에 대한 지식은 태어날 때부터 주어진 우리의 본성적 자질의 일부가 아니다. 그럼에도 하나님에 대한 질문, 곧 우리 자신과 모든 존재자의 숨겨진 근원에 대한 질문은 부단히 제기되며, 비록 다양한 변용과 왜곡의 형태라 하더라도 전적으로 사라질 수 없다. 우리 자신이 질문 자체이긴 하지만, 우리는 하나님 질문에 대한 대답, 곧 이 질문에 대한 참된 대답을 우리 자신 안에서 발견하지 못하며 또한 우리를 둘러싸고 있는 삶의 일상세계 안에서도 발견하지 못한다. 또한 사람들은 자기 삶의 이러한 질문에 대해 신화와 사변을 통해 대답하지만, 이러한 대답은 질문의 근본적 성격을 왜곡할 뿐이다. 하나님은 숨어있다. 하나님은 우리의 생활세계에 자명한 일부분도 아니며, 마르크스가 주장했듯이 생활세계의 고상한 보충이나 엄숙한 보증이 아니다. 우리는 하나님에 관한 질문을 포기할 수 없기에 우리는 다음과 같이 말해야만 한다. 하나님은 우리가 알고 있는 모든 것과는 전적으로 다르다.

옛 이스라엘은 이것을 알고 있었다. "누구도 죽지 않고서는 하나님을 볼 수 없다."(출 33:20) 하지만 그리스인들은 전혀 달랐다. 오토(W. F. Otto)는 고대 그리스의 신(神)이해의 주요한 특징으로 그리스의 신들은 계시가 필요하지 않다는 사실을 강조할 수 있었다. 왜냐하면 그리스 신들의 존재는 어디서나 인간들과 가까웠으며 또한 친밀했기 때문이다. 또한 근대의 자연에 대한 경건성도 어떤 신적인 계시가 필요하지 않다. 왜냐하면 자연의 신적인 맥박을 곳곳에서 직접적으로 감지할 수 있다고 생각했기 때문이다. 근대의 진보 신앙은 인류의 진보에서 모든 것을 규정하는 힘을 발견한다. 그러나 창조자의 존재를 피조물들의 활동 안에서 적절하게 추론할 수 있다고 믿는다면 원칙적으로 하나님의 계시는 필요하지 않다. 왜냐하면 서양철학 전통의 "자연신학"은 초자연적인 보충에 전혀 의존하지 않기 때문이다. 오히려 이런 자연신학의 방법은 하나님 사상(思想)의 본질적인 특징을 파악하는 것을 목표로 한다.

우리 시대에 정신적으로 살아있는 인간에게 하나님의 은폐성은 단지 성서의 한 구절로 머물러 있는 것이 아니라, 오히려 지난 100년간의 정신적인 운명으로서 이전과는 전혀 다른 깊이에서 경험되고 있다. 중세시대와 17·18세기까지만 해도 신은 아주 자명하게 세계의 현실에 속했던 반면, 칸트 이후에는 신(神)존재증명의 가능성이 의심되었고, 또한 피히테의 무신론 논쟁 이후에는 신개념을 형성할 수 있는 가능성 자체가 문제시되었다. 범위가 점점 확장되어 모든 신 사상은 인간의 불안과 소원을 반사하는 텅 빈 거울에 그려진 상으로 여겨졌다. 니체의 "신은 죽었다"라는 유명한 이 말은 우선 형이상학적 세계상에서 전승된 신 사상이 믿을 수 없게 되었음을 의미한다. 우리는 이 말 안에서 너무나 빨리 신에 대한 부정만을 보려 한다. 그러나 이 부정에는 지난 1세기의 정신적인 운명이 표현되어 있다. 곧 하나님은 파악불가능하며 은폐되어 있어서 인간은 "하나님"이라는 말을 발설할 수 없으며, 이것은 다만 진부한 생각들일 뿐이라는 오해를 불러일으킨다.

이러한 정신적 운명의 또 다른 표현은 제1차 세계대전 이후 루돌프 오토와 칼 바르트가 하나님을 "전적 타자"로 선포했다는 사실이다. 은폐된 하나님에 대한 루터의 사상이 재발견된 것이었다. 거의 동시대에 칼 야스퍼스는 초월을 말했는데, 이 초월은 모든 인간이 관여하고 있으나 파악 불가능한 것이며, "하나님"이라는 단어는 너무나 인간적인 표현으로 보인다는 사실이다. 또한 동시대에 고트프리트 벤(Gottfried Benn)[01]의 시는 항상 반복적으로 제기되는 하나님 질문과 그것에 대한 모든 대답의 불충분성 사이에서 자신의 길을 걸어갔다. 이처럼 점점 더 많은 증인이 보여준 정신적인 충격은 이미 바르트가 그 당시 날카롭게 인식한 것처럼, 하나님의 은폐성에 대한 성서의 지식에 매우 가깝다.

이처럼 우리 시대는 하나님의 은폐성 경험을 특징으로 하고 있기에, 하나님 신성의 계시 과정을 추구하는 질문은 오늘날 신학적 상황과 많은 그리스도인에게 결정적인 비중을 차지한다.

하나님의 현현들?

만약 하나님이 평상시 숨어있다면, 계시는 하나님이 자신을 드러내는 특별하고 비일상적인 사건들 안에서 찾아져야만 하는 것처럼 보인다. 가장 오래된 이스라엘의 전승들도 사실은 다른 종교들과 유사하게 기적과 같은 야웨의 출현들에 대해 보고하고 있다. 그러나 이것은 우리가 엄격한 의미로 생각했던 것, 곧 계시는 하나님의 자기계시라는 것을 뜻하지 않는다. 자기계시란 본질해명(Wesenserschließung)을 의미한다. 그러나 신성의 현현이 그 자체로 본질해명을 의미하지는 않는다.[02]

01 목사의 아들로 태어난 벤(1886-1956)은 의사이자 시인으로 1951년 게오르그 뷔흐너 상을 수상한다.

02 판넨베르크에게 계시는 자기계시(Selbstoffenbarung)이다. 즉, 하나님이 자기 자신을

바로 저 오래된 야웨 현현들은 비밀스런 어둠 안에 덮여 있다. 하나의 신성은 비록 그것이 어떻게 현현되든 본질 안에서는 알려지지 않은 채로 머물러 있을 수 있다. 어떤 사람이 우리를 만난다고 해서 그것 자체로 그가 우리에게 자신의 본질을 드러냈다는 뜻은 아니다. 날마다 만나는 사람들도 낯선 자로 남아있을 수 있다. 어떤 관계든지 처음엔 그런 피상적인 만남을 통해 이루어진다. 마찬가지로 오래된 증언에 따르면 야웨도 현현을 통해서 조상들과 모세와 관계했다. 즉, 다시 말하면 제의 장소를 설정하거나 중요한 사실을 전하기 위해서, 약속을 하고 명령을 주기 위해서 관계했다. 그 현현들을 통해서 야웨와 이스라엘 사이에 소통이 시작되었다. 그때부터 이스라엘은 야웨와 관계하며 살았지만 여전히 그의 계시됨을 기다렸다. 제사장 문서에 의하면 모세에게 야웨의 현현이 이뤄졌지만, 야웨가 누구인지를 인식하는 일은 아직 모세에게 이뤄지지 않았다.(출 6:7)

그러므로 하나님의 신성[03]에 대한 우리의 확실성은 저 시초의 신 현현 전승에 달린 것이 아니다. 이스라엘 하나님의 신성의 계시는 나중에야 비로소 발생했다. 그뿐만 아니라 성서의 후기 전승에는 하나님의 직접적인 현현은 점점 언급이 줄어들고 놀랍게도 신약성서에는 더는 언급되지 않는다. 역사 초기에 이스라엘을 위

계시한다. 따라서 자기계시는 자신이 누구인지에 대한 본질해명이며, 이런 엄밀한 의미에서의 계시를 판넨베르크는 종교사 속에서 종교적 경험들과 관련된 신적 현현과 구분한다.

03 Gottes Gottheit는 하나님의 신성으로 번역했으나 하나님의 하나님 되심으로 이해해도 좋다.

해 야웨의 현현들이 일어남으로써 야웨와 그 백성 사이의 소통이 시작되었고, 이 소통은 초대교회뿐 아니라 우리 자신이 이런 하나님을 증언하는 전승들의 상속자가 됨으로써 우리 자신에게도 일어났다. 따라서 우리는 이 하나님의 실재성과 신성에 대한 질문에서 완전히 벗어날 수 없다. 이 하나님에 대한 언급이 성서에 기록되어 있기에 참이라고 강하게 결론짓는다고 해서 대답이 되는 것은 아니다. 오히려 이 질문은 하나님의 자기증거, 곧 그의 계시를 통해 대답된다.

역사를 통한 하나님의 자기증거

성서의 전승에 따르면 이전 시대에 전혀 고유명사로 불리지 않았고, 오히려 아브라함의 하나님, 이삭의 두려운 자 혹은 야곱의 강한 자로 명명되었다가 모세에게서 야웨로 알려졌던 비밀스런 존재가 자신이 일으키는 역사행위를 통해 자신을 하나님으로 증거했다. 그렇다면 어떠한 방법으로 그렇게 됐는가? 그의 이름으로 예고되었던 사건들이 사실적으로 성취됨으로써 그렇게 되었다. 모세가 야웨의 이름으로 일으켰던 기적행위 때문에 우선 사람들은 모세라는 사람 배후에 어떤 환상뿐 아니라 하나의 현실적인 힘이 놓여 있다는 사실을 알았다고 한다. 백성들이 그 힘을 신뢰하고 모세와 함께 광야로 나왔을 때, 모세가 야웨로 불렀던 그 힘의 위대함은 더욱 분명해졌다. 무엇보다도 홍해(Schilfmeer)를 통과할 때 이집트의 추적자들을 무기력하게 만들고,(출 14:31) 야웨의 이름으로 모세가 약속한 대로 이스라엘 백성이 땅을 실제로 획득하게 함으로써 그는 이스라엘을 위해 이 모든 일을 행하는 자로 자신을 입증하였다.

그 힘은 자신의 이름으로 앞으로 일어날 일들을 말했을 뿐 아니라 정말 놀랍게도 진실임을 입증했다. 그렇다면 예언들 배후에 있었던 그 힘을 단지 환상이라고 할 수 있을까? 오히려 그 힘을 이스라엘을 수호하는 힘으로 여전히 신뢰해야만 하지 않을까? 사람들은 땅의 획득과 함께 모세를 통해 주어진 약속이 진실함을 보았을 뿐 아니라 아브라함에게 주어진 약속도 진실함을 보았다. 따라서 사람들이 아브라함의 신묘막측한 하나님과 조상들의 하나님 안에서 모세가 야웨라고 불렀던 바로 그 힘을 인식했으며 또한 반대로 야웨의 힘 안에서 조상의 하나님을 인식했다는 사실은 놀랄 만한 일이 아니다. 바로 이렇게 조상전승과 모세전승은 함께 성장해 나갔다. 이집트에서의 탈주와 땅의 수여는 이스라엘에게는 야웨의 근원적인 자기증거, 곧 이스라엘을 위해 자신의 힘과 의지를 사용하겠다는 증거로 남겨졌다. 이에 근거하여 야웨는 장차 땅 점령 시에 이스라엘을 보호할 것이라고 기대되었고, 이스라엘은 야웨의 이름으로 선포된 계명들을 지켜야 하는 의무를 지게 되었다. 이스라엘을 향한 야웨의 신성의 근원적인 증거인 탈출-정착 사건의 의미는 이스라엘 국가의 마지막 체제인 유다 국가가 바빌론에 의해 전멸되기 전인 7세기에 다시 한 번 굉장히 함축적으로 선포되었다. "주께서는 너희의 조상을 사랑하셨으며, 그 자손을 택하셨고, 너희를 이집트에서 이끌어 내셨다. 그리고 그가 몸소 그 크신 힘으로 너희보다 크고 강한 민족을 너희의 앞에서 쫓아내시고, 너희를 그 땅으로 이끌어 들이시고, 그 땅을 유산으로 주어서 오늘에 이르게 하신 것이다. 오늘 너희는 마음에 새겨 분명히 알아 둘 것이 있으니 야웨만이 홀로 위로는 하늘에서도 아래로는 땅에서도 하나님이시며, 그밖에 다른 신은 없다는 것이다. 너희는 오늘 내가 (즉, 모세) 너희에게 알려 주는 주의 규례와 명령을 지켜라. 그러면 너희와 너희의 자손이 잘 살게 되고, 주 너희의 하나님이 너희에게 영원히 주시는 땅에서 길이 살 것이다."(신 4:37-40)

여기서 발견되는 공식적인 어법 - "야웨가 하나님이신 것을 알아라." - 은 항상 출애굽 전승에 사용된다.(침멀리) 땅 정착으로 완결된 사건은 이스라엘을 위한 증거였고, 곧 야웨의 신성의 계시였다. 하지만 인용된 본문처럼, 야웨가 유일하신 하나님이라는 증거를 여기서 항상 볼 수 있는 것은 아니다. 여전히 왕정시대에도 사람들은 편견 없이 다른 민족들은 다른 신들에게 속해 있으며 그 신들이 그들을 돕는다고 생각했다.(왕하 3:27; 시 82; 삿 11:24) 사실 땅 정착에서 야웨의 유일성의 증거를 찾고자 한다면 어쩌면 지나친 요구다. 분명 조상들에게 주어진 약속과 모세의 말 배후에는 어떤 힘이 서 있었다. 하지만 그것이 모든 것들을 다스리는 힘인지는 아직 증명되지 않는다. 그러므로 인용된 본문은 사건들을 앞당겨 포착하고 있다.

하지만 이미 성취된 야웨의 자기증거도 유다의 붕괴와 땅의 상실로 인해 다시 의문시되었다. 만약 예언자들이 야웨의 이름으로 여러 세대 전부터 백성들이 야웨의 계명을 무시했다는 이유로 재난을 이스라엘과 유다에 대한 야웨의 심판으로서 예고하지 않았다면, 야웨의 증거는 무효화되었을지 모른다. 예컨대 이사야는 더 이전의 사건들을 염두에 둔 것인지도 모르지만 사람들은 예언자들의 재난위협이 587년의 정치적 붕괴에서 실현되었음을 보았다. 에스겔은 직접적으로 임박해 있는 재난을 야웨의 새로운 자기 증거로서 선언했다. 옛 형식의 내용은 반대가 되었다. 불순종하는 백성에게 야웨는 더 이상 구원의 능력으로 계시되지 않았고 오히려 파멸의 힘으로 계시되었다.(에스겔 7:27, 11:12, 12장) 하지만 예언자들은 어떤 새로운 궁극적인 야웨의 구원행위를 선언하기도 했다. 그리고 예루살렘 붕괴 이후 에스겔과 제2이사야(사 40-55)는 이미 놓여있는 임박한 구원행위를 통해 야웨 신성의 궁극적인 증거를 미리 예언했다.(에스겔 37:14; 이사야 49:23) 이로써 의미 있는 변화가 일어났다. 사람들은 하나님의 신성의 계시를 땅 정착시대에 완결된 사건으로 더 이상 되돌아보지 않고 오히려 그것을 미래로부터 기대하였다.

하지만 그 일은 이루어지지 않았다. 비록 추방당한 자들이 되돌아오고 예루살렘이 새롭고 건설되었지만, 결정적이며 모든 민족들에게 야웨의 신성을 계시하는 구원행위를 점점 더 열정적으로, 점점 더 피안적인 색채를 띤 미래에서 기대하였다. 그것은 묵시문학에서 모든 죽은 자의 부활과 마지막 심판의 미래가 되었다. 묵시사상가들의 예언에 따르면, 마지막 시대의 사건들 안에서 지금까지 감추어진 모든 것들이 계시될 뿐 아니라 야웨의 영광이 드러날 것이다. 그러나 오래전부터 야웨의 영광의 현현은 자기증거와 신성의 인식과 동일한 것을 뜻한다.(사 40:5, 출 14:18)

우리가 짧게 암시했던 이스라엘의 계시이해의 특성을 물으면 특별히 세 가지 특징이 드러난다. 첫째로 이스라엘은 하나님의 계시를 간접적인 과정으로 이해했다. 야웨는 하늘에서 내려와 자신의 존재와 속성에 대한 특별 교육을 몇몇 선별된 자들에게 제공한 것도 아니며, 이를 통해 사람들이 필요한 모든 신 인식에 완전하게 도달하게 한 것도 아니었다. 야웨는 자기 자신에 대해 많이 말하지 않고, 오히려 그는 행동하며 특정한 사건을 선포한다. 그의 행위가 간접적으로 그를 비추는 빛을 던져준다.

이런 특징 속에서 이스라엘의 하나님 인식에 대한 이해는 독특한 방식으로 그리스 철학과 연관되지만 즉시 깊은 차이점을 드러낸다. 그리스 철학도 본질, 즉 신성의 참된 형상을 그 행위로부터 역추론함으로써 인식하고자 했다. 따라서 그리스 철학은 신화의 오류와 환상적으로 과장된 것을 수정하고자 했다. 그러나 이스라엘은 행위로부터 야웨를 인식하고자 할 때, 어디서나 항상 동일하게 놓여있는 것으로부터 인식하지 않았다. 오히려 유일회적인 사건들로부터 또는 이러한 유일회적 사건들의 연결로부터 야웨를 인식하였다. 이 사건들은 야웨의 이름으로 전달되었고 그래서 그를 통해 성취되었다. 그러므로 이스라엘에게 야웨의 신성은 항상 동일한 자연을 매번 관찰함으로써 추론되는 것이 아니다. 오히려 매우 특정한 사건들을 통해 특정한 시간에 야웨의 신성은 추론될 수 있다. 즉, 이것은 해당 사건들이 일어나고 사람들이 그 사건들에 대해 통보를 받았을 때에 가능하다.

둘째로 계시적 사건들은 그것들이 소위 마지막 행위로서 완전히 성취되어질 때, 야웨의 신성을 인식하게 한다. 출애굽기 14장의 홍해를 지나는 행진이야기에 잘 나타난다. "이스라엘이 야웨의 손이 이집트인들에게 얼마나 힘이 있었는지 증거되었음을 보았을 때, 야웨의 백성은 두려워하며, 그들은 야웨와 그의 종 모세를 믿었다."(출 14:31)

계시인식이 사건의 종국에 속한다. 이것이 지니는 풍성한 의미는 이제 세 번째 특징과 관련되어 설명되어 진다. 야웨의 신성을 증거하는 능력은 이런저런 개별사건에서만 인정되지 않고, 오히려 더 길고 더 많은 전체 사건들의 연관에서 고백된다. 앞서 인용했던 신명기 4장은 조상시대부터 팔레스타인에서 땅 정착이 종결되기까지의 전체 이스라엘 역사를 서술함으로써 야웨의 신성을 계시하고자 한 유일한 요약본문이다. 물론 야웨의 자기증거로서 기대했던 개별사건들은 이후에 더욱 큰 역사의 맥락에서 그 자리를 가지게 된다. 하지만 묵시문학은 처음으로 모든 사건들을 단 하나의 역사로 이해했는데, 이 역사의 끝에 야웨의 영광이 출현하게 될 것이다. 이는 묵시사상가들이 세계사건 전체를 그 사건의 순서에 따라 야웨의 업적으로 기술한 결과이다. 예외 없이 모든 것에 역사하시는 유일한 하나님으로서 야웨는 다만 모든 사건들의 전체성을 통해서만 증거되고, 이것은 모든 것의 종말에서야 증명된다.

이것은 묵시문학이 야웨의 신성의 계시를 단지 미래에서만 기대했다는 것을 의미하는가? 또한 묵시사상가들 스스로도 야웨가 실제로 유일하신 하나님인지 의심하지 않았겠는가? 확실히 그들은 종말을 앞서 보고 이와 함께 야웨 영광의 궁극적인 증거를 보았을 것이다. 하지만 사건의 예견과 실현은 서로 다르다. 우리가 보았듯이 이스라엘의 신중한 판단에서는 앞서 말해진 것의 성취야말로 진리의 증거로 여겨졌다.

하나님은 오직 예수 그리스도 안에서만 계시된다

오직 구약성서적 기대에서만 성서적 근거로 예수 그리스도를 하나님의 계시라고 말할 수 있다. 만약 나사렛 예수 안에서 모든 사건의 종말이 발생하지 않았다면, 그는 그 단어의 완전한 의미에서 하나님의 계시가 아니었을 것이다. 왜냐하면 항상 새롭게 활동하시는 이스라엘의 하나님은 더욱 새로운 방식으로 예수를 넘어서 그분의 행위를 통해 자신을 증거했을 것이기 때문이다.

하지만 이것이 그런 경우가 아닌가? 역사는 예수 이후에도 계속되지 않았는가? 모든 사건의 종말이 곧 일어나리라는 예수의 선포는 시간사적으로 제약된 오류로 증명되지 않았는가? 역사의 종말은 언제나 전망할 수 없는 것이며, 모든 사람에게 개방적이지만 자신에겐 어두컴컴한 미래로 들어간다는 사실은 역사 안에 있는 모든 인간적 상황의 본질이 아닌가? 만약 사정이 그렇다면 항상 다시 새로운 사건을 일으키시는 하나님의 궁극적인 계시가 역사 안에서 발생할 수는 없을 것이다. 비록 쉼 없이 변화해 가는 사건들 뒤에 하나님이 활동한다고 하더라도, 이렇게 말해야만 할 것이다. 곧 그 분은 여전히 인간에게는 철저히 은폐되어 있다. 왜냐하면 이러한 그의 삶은 언제나 종결되지 않은 채 사건의 전망할 수 없는 소용돌이 안에 있기 때문이다.

따라서 우리 모두는 미래가 여전히 개방되어 있으면서 동시에 가려져 있다고 고백해야만 한다. 종말은 모든 사람에게 아직 일어나지 않았다. 각자의 삶의 종말뿐 아니라 모든 세계사건의 종말도 그렇다. 묵사사상가들이 그랬듯이 사람들은 이러한 종말에 대해 어둡지만 예감어린 그림을 그려볼 수 있을 것이다. 혹은 세계가 과연 그러한 종말에 직면할 것인지 의심할 수도 있다. 무엇보다 이런 의심은, 유대묵시사상이 기대했던 종말이 한 사람에게, 분명 지금까지 오직 단 한 사람에게 이미 일어났다는 사실을 간과하는 한에서만 가능하다. 하지만 종말은 나사렛 예수에게서, 물론 그의 제자들에게 알려진 죽은 자들로부터의 예수 부활이라는 사건을 통해 일어났다. 죽은 자들의 부활은 바빌론 포로기 이래로 유대인들이 기대했던 모든 사건들의 종말이다. 만약 예수께서 이 죽을 생명을 잠시 떠났다가 다시 돌아온 것이 아니라, 우리와 비교할 때 전혀 다른 생명으로 부활하셨다면, 모든 다른 사람에게는 오늘날까지 아직 일어나지 않은 그 종말이 그에게 이미 발생한 것이다. 그렇다면 묵시사상가들의 기대가 결코 헛된 환상이 아니었다는 것이 증명된다. 왜냐하면 이 한 사람에게서 그 기대가 이미 성취되었기 때문이다. 따라서 우리 다른 사람들이 죽은 자의 부활 안에서 역사의 종말을 기다리는 것도 의미 없는 일은 아니다.

바울은 고린도전서 15장에서 이를 강조했다. 예수의 부활을 직시함으로써, 우리는 우리 자신의 마시막 미래를 삼지한다. 그분의 가르침과 태도, 그리고 고난에 동참함으로써 그에게서 이미 나타난 생명에도 훗날 참여하게 되기를 우리는 희망할 수 있다. 왜냐하면 우리에게는 여전히 머나먼 모든 사건들의 종말이 그 당시 예수에게서 이미 일어난 사건이 되었기 때문에, 비록 완성되어 가는 종말이 우선은 오직 그에게만 일어나고 우리 다른 자들에게는 여전히 발생하지 않았지만, 이후로 그것을 넘어서는 어떤 새로운 것도 발생하지 않을 것이며, 예수를 사실상 이스라엘의 하나님의 궁극적 자기증거로 간주해야만 한다.

예수의 부활을 통해서 이스라엘의 하나님은 모든 사건을 지배하는 권능의 하나님[04]으로 계시된다. 왜냐하면 모든 것의 종말을 그 손에 붙들고 있는 자는 또한 그것들을 장악할 수 있기 때문이다. 그는 부활의 종말로부터 또한 시작의 하나님으로 계시되고, '죽은 자를 살리시며 없는 것을 있는 것으로 부르시는'(롬 4:17) 분으로 계시된다. 무로부터의 창조의 의미를 죽은 자들의 부활에서 보게 되는데, 죽은 자들이란 급진적인 의미에서 다름 아닌 무와 같다.

하지만 예수 부활의 사건 안에 하나님의 힘만이 아니라 또한 우

04 모든 사건을 지배하는 권능의 하나님(der über alles Geschehen mächtige Gott)이라는 표현은 하나님의 힘이 모든 사건을 장악하고 결정한다는 그의 유명한 표현과 일맥상통한다. 판넨베르크는 본회퍼나 몰트만, 폴킹혼에게서 강조되는 약하신 하나님(der ohnmächtige Gott)과는 달리 권능의 하나님, 모든 것을 규정하시는 실재로서의 하나님(Gott als die alles bestimmende Wirklichkeit)을 강조한다.

리를 향한 그 분의 사랑이 계시된다. 예수의 부활을 통해, 그와 결합된 자들에겐 자신들의 인간적인 숙명, 곧 미래적 생명에 이르는 길이 개방되었고 생명으로부터 분리시키는 죄들이 극복되었다. 이로 인해 일찍이 초기 그리스도교가 인식한 대로 예수의 십자가 죽음은 우리를 위한 것임이 분명하다. 진정 우리 자신의 죽음은 이제 희망 없는 것이 아니다. 모든 것에 하나님의 사랑이 계시된다.

하지만 궁극적 의향의 계시와 하나님의 가장 내적인 본질의 계시로 인해 하나님이 우리에게 훤히 보이는 것은 아니다. 누구도 그리스도 사건이 하나님에 관해 말하는 것의 그 풍성함을 끝까지 사유하지는 못한다. 또한 부활의 삶이 도대체 어떤 것인지에 대해 우리는 거의 아무런 표상도 없다. 마찬가지로 예수 이후 종결된 역사와 미래의 역사, 곧 세계사 전체가 예수에게서 이미 드러난 종말과 어떻게 관련되어 있는지를 알아낼 수는 없다. 다만 이스라엘 하나님의 숭고함과 은폐성은 예수의 역사적 운명[05] 안에 있는 그의 계시를 통해서만 비로소 그 충만한 깊이가 전망된다.

하나님의 계시 한가운데 있는 그의 불가해성은 그리스도인들에게도 미래가 아직 열려있고 충만한 가능성으로 존재한다는 사실을 의미한다. 그렇다 해도 예수에게 결합되어 있는 자들은 다음과 같이 확신한다. 그의 신성 안에서 예수의 부활을 통해 계시된 이스라엘의 하나님은 모든 사건에 권능을 발휘한다. 또한 예수의 행

---

05 여기서 역사적 운명(줄여서 역운, 歷運)으로 번역된 독일어 Geschick은 역사적 정황과 밀접하게 얽혀 있는 시대적 사명과 그 속에서 자신에게 주어진 숙명을 지시한다.

위와 운명 안에 계시된 그분의 사랑으로부터 어떤 것도 분리될 수 없으며 비록 죽음이 충만한 것처럼 보인다고 하더라도 그분의 마지막 말씀은 죽음이 아니라 생명이다.

이스라엘의 하나님은 오직 예수 안에서 충만한 의미로 계시된다. 이집트에서 탈출시키고 이스라엘에게 땅을 수여하는 행위를 통해 나타난 이전의 모든 자기증거는 이에 비하면 단지 잠정적일 뿐 궁극적인 자기해명이 아니다. 따라서 엄격한 의미에서 하나님의 자기계시라고 할 수 없다.

예수에게 발생한 사건과 그를 통해 발생한 사건은 어떠한 미래적인 사건을 통해서도 능가될 수 없다. 왜냐하면 모든 사물들의 종말이 이미 그분에게서 발생했기 때문이다.[06] 그러므로 예수의 부활만이 아니라 이로 인해 그의 운명과 행동도 한 분 하나님의 신성의 유일한 계시이다. 원래 자기계시라는 개념 자체는 그것이 이미 본래적으로 다양한 형상이 아니라 오직 하나의 유일한 형상 안에서 발생할 수 있음을 뜻한다.

만약 하나님이 예수사건의 특수성을 통해 은폐되지 않고 오히려 이를 통해 전적으로 드러난다면, 그는 또 다른 형상 안에서 계시될 수 없다. 그렇다면 예수라는 형상의 특수성은 결코 다른 것

---

06 판넨베르크의 보편사 해석의 중심에는 예수의 부활사건이 놓여 있으며 부활사건은 역사 전체의 끝점과 맞물려 있다. 역사의 종말이 예수의 삶, 곧 그의 부활사건에서 일어났다는 해석은 묵시사상을 전제로 할 때 가능하다. 판넨베르크에 따르면 묵시사상의 역사이해의 구조 아래에서 하나님의 자기증거가 종말에는 하나님의 본질해명(Wesenerschließung)로서의 자기계시로 나타난다. 하지만 역사의 종말에 일어날 하나님의 본질해명으로서의 자기계시가 이미 그리스도의 부활을 통해 일어났다. 왜냐하면 그리스도의 부활은 역사의 종말에 일어날 죽은 자들의 부활사건의 첫 열매이며 그것의 선취이기 때문이다.

과 동질의 가치를 지닌 것으로 취급될 수도 없다. 오히려 그와는 반대로 예수 형상의 특수성은 하나님의 계시됨에 결정적이다. 그러므로 칼 바르트의 주장은 옳았다. 그는 재차 열정적으로 강조하기를 하나님은 오직 예수 그리스도 안에서만 계시된다고 했다.

그리스도 사건으로 말미암아 비로소 하나님이 누구인지 말할 수 있다면, 하나님의 본질은 예수 없이 생각될 수 없다. 예수가 바로 하나님이며 하나님의 아들이요 아버지와 하나이신 분이라는 문장의 의미가 바로 이것이다. 또한 어떤 공동체가 예수 안에서 하나님의 계시를 인식한다고 해서 예수의 역사적 운명에 대해 어떤 낯선 의미를 덧붙이는 것은 아니다. 오히려 이러한 사실은 이 사건의 진리로서 궁극적으로는 하나님 자신의 본질에 속한다. 따라서 이러한 인식을 가능케 하는 진리의 영은 또 다시 하나님 자신이다. 이렇게 예수 안에 나타난 하나님의 자기계시는 하나님의 신성을 인식하게 하는 뿌리이며 또한 삼위일체론의 뿌리이다. 자기 자신을 계시하시는 하나님은 본질적으로 삼위일체 하나님이다. 예수의 부활 안에 드러난 하나님의 본질을 진술하는 것이 삼위일체론의 유일한 의미이다.

예수의 역사적 운명 안에 있는 이스라엘 하나님의 신성의 자기증거를 간과한 채 "하나님"에 관해 말할 수 있다고 생각하는 사람은 삼위일체론을 하나님 사상에 희귀하게 첨가된 하나의 부록 정도로 간주할지도 모른다.[07] 하지만 하나님이 온통 감춰져 있어서

07 슐라이어마허는 자신의 『신앙론』(1830/31)에서 경건한 자의식에 기초하여 신론을

심지어 "하나님"이라는 단어가 모든 사물의 감춰져 있는 근거로서 타당한지조차도 의심스럽게 되어버린 사람에게는 삼위일체론이야 말로 신적 본질의 개념을 형성시켜 준다.

예수 안에 있는 하나님의 계시의 보편성

포로기의 예언자들은 민족들에게 집행할 심판만이 아니라(겔 23 이하) 이스라엘을 올바르게 구원하는 그의 행위를 통해(겔 26:23, 18:16,23) 이스라엘만이 아니라 모든 민족의 눈앞에서 하나뿐인 참된 하나님으로 야웨가 증거될 것이라고 선포했다. 제2이사야에 의하면 열방들도 구원에 포함될 것이다.(사 49:6; 45:6) 선포된 사건들 안에서 야웨의 신성을 인식하기 위해 어떤 특별한 "초자연적" 전제가 필요한 것은 아니다. 오히려 모든 사람의 눈앞에 발생하게 될 사실 자체의 언어[08]만 필요하다.

주지하다시피 열방에 그리스도 사건이 전파되었다는 사실은 그리스도 사건의 계시적 특징에 필수적으로 속한다. 민족들이 이스

다루지만 이스라엘의 역사와는 무관하게 전개하며 삼위일체론을 부록으로 다루고 있다. 이러한 경향은 이후 신학자들에게도 나타나는데 판넨베르크는 이를 비판하고 있다.

08 사실 자체의 언어(die Sprache der Tatsachen selbst)는 1961년 판넨베르크가 그의 동료들과 함께 발표한『역사로서의 계시』(Offenbarung als Geschichte)에 등장해 주목을 끌었던 개념이다. 계시는 초자연적이며, 신앙의 인식으로만 가능하다는 기존의 개신교 신학의 분위기와는 달리, 판넨베르크는 이 개념을 통해 계시는 역사적이며, 초자연적인 전제 없이 모든 사람에게 인식가능하다고 주장했다.

라엘 하나님의 신성을 인정하는 일은 그의 궁극적인 계시의 표시이며, 그리스도교의 선교를 통해 세계사적인 사실이 되었다.(눅 11:29 이하)

이러한 맥락에서 세계선교를 향한 바울의 열망을 알 수 있다. 그러므로 바울도 "진리를 드러냄으로써 하나님 앞에서 각 사람의 양심에 대해 우리 자신을 떳떳하게 내세우길"(고후 4:2) 원했다. 따라서 바울에게 하나님의 계시는 비밀집회의 사사로운 일이 아니었다. 오히려 하나님의 계시는 역사의 드넓은 광장에서 발생한 예수 부활의 사건으로 인해 전 세계를 향해 있다. 다만 이 사건은 여전히 곳곳에 알려져야만 한다. 만약 공개적으로 노출되어 있는 진리를 보지 않으려고 하는 자가 있다 하더라도,(고후 4:4) 바울이 선포한 복음, 즉 "그리스도 면전에 있는 하나님의 영광"(고후 4:6)을 사실 자체가 선포했다는 것에는 하등의 변화가 없다.

마치 사실 자체가 하나님의 신성을 증명하지 않는다는 듯이, 마치 그것에 우선적으로 어떤 경건한 의미가 덧붙여져야 한다는 듯이, 우리 그리스도인들이 그리스도 사건 안에 있는 하나님 계시의 보편적 진리를 소심하게 축소시켜 버린 최후의 사람들이어야 하겠는가. 신앙이 없는 자들이 자신에겐 "세속적"으로 여겨지는 사건의 경건한 의미를 그리스도인들에게 즐겨 고백하는 것과 "마찬가지로" 그리스도인들도 동일한 사건에 대해 자기 방식으로 다르게 해석할 수 있다. 하지만 그리스도인이 자신과 관련된 그리스도교의 진리주장을 스스로 어둡게 하지 않는가? 그래서 그리스도교의 복음은 우리 입에서 종종 그렇게 무기력하게 또 그렇게 아무런 부담감도 없이 흘러나오는 것은 아닌가? 하나님을 계시하는 예수의 역사적 운명의 사건과 이 사건에 대한 복음은 분명, 인간이 스스로 인식할 수 없는 어떤 인식을 가져다준다.

하지만 이 사건들이 자신이 원래 속해 있던 그 맥락 안에서, 곧 이스라엘 역사의 맥락 안에서 인지되면, 이것들은 거기에 무언가를 덧붙이지 않고 그들 자신의 고유한 언어를 분명하게 말한다. 사건들의 독특함이란 그 사건들 안에 놓여 있는 것이지, 그것들을 파악했어야만 하는 특별한 방식에 있는 것이 아니다. 사건에 관한 이성적인 숙고와 선입견 없는 숙고로 이스라엘 하나님의 신성의 증거를 그 안에서 인식해야만 한다. 그렇다고 신앙이 이제 쓸모없게 된 것은 아니다. 오히려 이를 통해서 비로소 신앙은 근거 있는 신뢰가 된다.

예수 안에 일어난 계시의 보편적인 진리를 신뢰함으로써 고대교회의 선교는 신적인 것의 참된 형상을 추구하던 그리스 철학의 질문을 회피하지 않고 오히려 예수를 부활시킨 하나님의 신성이 참임을 입증하였다. 하지만 고대교회는 자신의 대답을 통해 철학적 질문 자체를 수정하였는데, 어쩌면 그것을 보다 더 근본적으로 했으면 좋았을 것이다. 철학의 하나님 질문이 코스모스, 즉 항상 동일한 사건과 상태로 이해되는 현실에서 출발하여 그것의 근원을 추론해 나갔다면, 성서의 하나님 사상은 전체 현실을 항상 새로운 사건이 일어나는 역사로서 포괄적으로 이해한다. 이때 그리스 사상이 상정한 우주의 규칙성들은 역사 안에 있는 하나의 부분적 계기를 형성할 뿐이다. 철학이 제기한 하나님 질문에 이로부터 대답들이 주어져야만 한다. 대답들은 질문 이전에 존재하지만, 그 질문으로부터, 즉 항상 동일한 것에서 출발하는 역추론의 길을 통해서는 도달할 수 없다. 따라서 원초적 근원을 우주적 질서의 관점에서 "하나님"으로 인격화한 것은 신인동형론일 뿐이다. 서론에서 말한 이에 대한 근대적 비판은 형이상학적 전통 자체를 끝까지 밀고 나간 결과일 뿐이다.[09]

그러나 역사라는 현실(Wirklichkeit)의 지평에서 인격적 하나님은 사태에 적합한 유일한 표상이다. 왜냐하면 항상 새로운 사건들은 인간의 인격적인 결단을 언제나 새롭게 요구하며, 인간에게 말을 걸기 때문이다. 그 밖에도 성서의 하나님 사상에 근거하여 역사로서 현실을 파악하는 것이 우주에 관한 사상보다 더 깊고 더 포괄적이다. 이 사실 자체가 이미 예수 그리스도 안에서 자신을 계시하는 한 분 하나님의 신성에 대한 증거이다. 하나님의 신성은 철학적 질문을 능가하며 그럼으로써 그 질문에서도 자신을 참된 것으로 입증한다. 이러한 사실은 물론 오늘날 철학과 논쟁함으로써 여전히 입증되어야만 한다. 여기서 중요한 것은 하나님이 도대체 존재하는지에 관한 답변되지 않은 질문이 아니라 이스라엘의 하나님이 모든 현실의 근원이며, 그래서 참으로 하나님이냐 하는 물음이다. 근원적인 것이 진정 하나님이냐 하는 물음도 이를 통해서만 답변된다.

09 그리스 철학의 형이상학적 전통은 신화론에 대한 비판에서 시작했다. 플라톤과 아리스토텔레스의 철학적 신학 전통을 이어받아 스토아 철학에서는 신학을 세 가지로 구분한다. 시적 신학, 정치신학, 자연신학. 판넨베르크는 본문에서 자연신학의 하나님 이해와 그 방법론을 비판하고 있다.

하나님 인식과 경험

이제까지 말한 것에 따르면 하나님의 계시는 이미 예전에 특정한 시점에 발생했다. 당시 발생한 사건을 인식하는 도상에서만 계시는 오늘날 개개인에게 드러난다. 여기엔 모든 개인이 자신의 삶에서 갖는 경험들이 또한 중요하다. 왜냐하면 당시 발생한 계시가 모든 사람과 모든 시간의 하나님의 계시라면, 그것은 오늘날의 현실경험에서도 입증되어야만 한다.[10]

무엇보다도 격리된 어떤 개별경험도 이스라엘의 하나님과 예수의 하나님의 신성에 관해 우리를 설득할 수는 없다. 사람들은 이에 대해 양심의 경험, 구체적인 죄책에 대한 체험, 그리고 책임감에 대한 일반적인 지식을 요구하곤 했다. 하지만 경건주의가 즐겨 사용하던 이런 논거는 단선적이다. 무거운 죄책에 눌려 있는 사람이 회개하라는 예수의 말씀에 어쩌면 마음이 열려 또한 예수의 용서를 수용할 수도 있다. 하지만 이 둘 모두 결코 분명한 것은 아니다. 만약 세례자 요한이나 예수의 청중과는 달리 하나님의 실재성을 의심한다면, 어떻게 사람에 대한 죄책 때문에 하나님께 돌아올 수 있겠는가? 또한 양심적인 사람은 이렇게 하는 것이 개인적

10 계시는 과거의 사건이다. 인식은 오늘날의 사건이다. 이는 경험과의 연관에서 가능하다. 우리의 계시인식은 현재의 경험 안에 있지만, 과거의 계시적 사건을 향해 있다. 이것이 판넨베르크의 계시이해와 인식의 구조이다. 과거의 사건은 끝까지 과거로 남아있지만, 인식을 통해 항상 현재에도 개방적이다. 동시에 한 분 하나님 자신이 과거와 현재, 미래를 잇는 보편적 계시의 가능성이 된다. 즉, 하나님께서 하나님이기 위해서 그분은 과거의 하나님만이 되어서는 안 된다. 그는 지금과 미래에도 모든 사람의 하나님이 되어야 한다.

인 책임감을 너무나 쉽게 면제시켜 주는 것으로 생각하여 도리어 죄의 용서를 거부하지 않겠는가? 물론 아무 생각 없이 어떤 발판이라도 제공되기만 하면 붙잡으려는 사람도 있다. 하지만 이것은 신앙이 아니라 미신이다.

성서의 하나님을 실재로서 받아들인 자만이 인간의 죄책의 심연뿐 아니라 죄를 용서하시는 예수의 전권을 인식한다. 이전에 알려지지 않은 인간생활의 죄성과 책임성의 깊이가 성서의 하나님에 의해 경험된다. 이것은 무엇보다도 하나님으로부터 인간의 삶의 현실이 포괄적으로 해명된다는 사실을 지시한다. 여기서 앞서 보았듯이 그리스도 계시의 진리가 입증된다. 여기서는 격리된 양심 경험으로는 불충분하다. 오히려 예수의 역사적 운명과 그 안에 계시된 하나님으로부터 우리 현실의 전체성이 그 외엔 도무지 도달할 수 없는 그 넓이와 깊이에서 해명되고 경험된다는 사실이 중요하다. 이런 식으로 당시에 일어난 일과 선포를 통해 전달된 것이 언제나 현재적으로 입증된다.

계시 사건 자체는 당시 예수의 역사적 운명과 결합되어 있다. 또한 선포를 들을 때 계시에 대한 어떤 직접적인 경험을 하는 것도 아니다. 다만 당시에 일어난 일을 지시하고, 그것이 현재적으로도 유효한 입증임을 지시할 뿐이다. 따라서 누구도 특별한 체험을 기다리거나 그러한 것에 몰입해 들어가서 하나님이 계시되기를 기대해서는 안 된다. 오히려 그 당시의 사건을 주목하고 오늘날의 현실 속에서 그것이 입증될 수 있는지를 질문할 필요가 있다.

특히 개인에게 하나님의 계시는 사적이든 예배에서든 부활한 그리스도와의 어떤 만남을 의미하지 않는다. 어떻게 사람이 자기현혹에 빠지지 않는다고 할 수 있을까? 그런 식의 만남은 더 이상 없다. 바울은 자신을 부활의 마지막 목격자라고 말한다. 누가에게 부활한 예수와 제자 사이의 교류의 시간은 예수의 승천과 함께 종결되었다. 예수 제자의 제1세대를 제외하고는 모든 그리스도인들은 한편으로는 예수의 길이라는 완결된 과거와 다른 한편으로는 그의 재림이라는 아직 오지 않은 미래 사이에 살고 있다.

물론 예수 대신에 성령이 공동체 내에 현존하고, 성령 안에서 우리는 예수의 재림과 우리 자신의 부활을 기다린다. 또한 부활한 자 자신이 그 영을 통해 공동체에 현존한다. 하지만 우리가 예수의 부활을 이미 확신할 때에만 그것을 알게 된다. 영의 경험조차도 결코 독립적인 계시사건이 아니다. 아무도 예수 안에 있는 하나님을 인식하기 위해 영의 체험을 기다릴 필요는 없다. 오히려 그 반대이다. 성령은 예수의 역사적 운명을 하나님의 계시로 인식하는 곳에 계신다. 성령은 예수 그리스도의 복음과 신앙을 통해서만 주어진다.(갈 3:2,14)

계시와 신앙

예수의 역사적 운명 안에 나타난 이스라엘의 하나님의 신성에 대한 증거가 인식(Erkenntnis)과 지식(Wissen)의 일이라고 해서 신앙이 부차적인 것이 되는 것은 아니다. 사람들은 흔히 이렇게 말한다.

내가 알고 있는 것을 더는 믿을 필요가 없어. 하지만 이런 투의 말들은 인식과 지식에 대해 피상적이다. 신앙에서는 믿고 있는 것에 대한 신앙인 자신의 참여가 중요하다. 또한 이것은 어떤 지식으로 대체될 수 없다.

이때, 신앙은 항상 미래와 연관된다. 신앙인은 자신이 인식한 것에 그 자신의 미래를 건다. 바로 그렇기 때문에 신앙은 그 자신 위에 성립될 수 없다. 순수한 모험으로서의 신앙은 눈먼 맹신이다. 믿을 만한 신뢰는 근거가 필요하며, 그 위에 세워져 있다. 일찍이 신앙 안에 있는 인식과 지식의 계기는 신뢰의 근거로서 존중되었지만, 근대에 와서 너무나 쉽게 포기되었고 신앙을 순수한 모험으로 생각하는 것이 신앙에 도움이 된다고 보았다. 하지만 이렇게 함으로써 실제로 신앙 그 자체는 붕괴되었다. 무엇보다도 신앙이 아무런 근거도 없이 맹목적으로 요구되고 행사되는 인간적 업적의 하나로 추락하였기 때문이다.[11]

계시 인식과 신앙의 관계는 이미 재차 언급했던 출애굽기 14장 31절에 분명히 나타난다. 이스라엘 백성은 이집트의 추격자들 앞

---

11 이는 현대신학의 불트만 식의 신앙이해에 대한 비판으로 볼 수 있다. 불트만에게 신앙은 그 어떤 무엇에도 근거해서는 안 되며, 신앙은 이때 철저히 모험이 된다. 만약 신앙이 그 어떤 무엇에 근거해 있다면, 신앙은 신앙의 확실성의 근거가 되는 그 무엇에 의해 도리어 좌우되게 된다. 이때 우리는 실제로 신앙 자체가 아니라 신앙이 서 있는 그 근거에 의존하게 된다. 이러한 불트만 식의 신앙이해는 역사적 예수에 대한 회의적 인식과 역사적 예수와 신앙의 그리스도 사이의 역사적 불연속성 주장과도 상통한다. 불트만에 따르면, 예수의 부활사건은 신앙적으로 의미 있는 역사적(geschichtlich) 사건이지만 일반 역사학적(historisch)으로는 결코 확인할 수 없는 사건이다. 따라서 신앙은 십자가와 부활의 케리그마를 붙잡는 모험적 결단이다. 하지만 판넨베르크에게 이러한 신앙은 공허하다. 신앙은 인식과 분리되지 않는다. 신앙은 맹목적인 모험이 아니다. 신앙은 인식된 것의 미래를 앞당겨 취하는 선취적 신뢰이며, 인식된 것이 미래에 성취되기를 기대하는 예기적 인식이다.

에서 놀랍게 구원받음으로써 야웨의 손을 인식했기 때문에, 그들은 미래를 위해 야웨와 모세에게 자신을 내어 맡긴다. 그리고 정치적으로 암담한 시대였지만 이사야가 아하스 왕에게 야웨를 신뢰하라고 권고했을 때, 이를 전해들은 자는 다윗 시대 이래로 그의 백성과 왕조에 행하신 야웨의 거대한 행위의 역사 안에 살고 있다는 사실을 결코 간과할 수는 없다.(사 7:4 이하).

야웨의 약속을 신뢰한다는 것이 물론 아직 일어나지 않은 미래를 향해 산다는 것을 의미하지만, 이 약속은 역사적 맥락과 분리된 채 이스라엘 백성 앞에 주어진 것이 아니라, 항상 야웨의 신실함과 능력이 이미 입증되어 나타난 그의 행위의 역사와 연관하여 주어진 것이다. 비록 예언적 말씀이 이사야 7장처럼 겉으로 드러난 상황을 개연성이 있는 것으로 여기는 것과는 대립적이라 하더라도, 하나님의 신실성은 그분의 역사와 연관성 안에 정초되어 있다.

예수의 선포가 신앙을 가져다주리라 기대할 때 – 이것은 우선 예수 자신에 대한 신앙이 아니라, 이스라엘의 하나님에 대한 신뢰인데 – 거기엔 이스라엘과 함께 하신 하나님의 역사가 전제되어 있었다. 하지만 예수 자신에 대한 신앙의 상황은 부활절 이전과 부활절 이후로 근본적으로 나눠진다. 부활절 이전에 그의 제자들은 그의 말씀을 마치 예언자들의 말씀처럼 미래에 입증되기를 희망하면서 신뢰했다. 부활절 이후에 공동체는 부활을 통해 일어난 하나님의 증거, 곧 예수는 세상을 향한 하나님의 의지의 담지자라는 증거에 근거하여 그를 신뢰했다. 부활절 이전에는 예수께서 사람들에 대한 미래 심판의 최후 결정을 그들이 예수 자신과 맺는 관계와 결부시켰다면,(막 8:38; 눅 9:26) 이제 공동체는 이미 예수 안에 나타난 생명에 자신도 참여할 것을 기대한다.

약속된 생명의 부활에 대한 신뢰는 분명 우리 인간들이 우리 자신에게 경험하는 것과는 반대이다.(예. 롬 4:19) 하지만 그것은 결코 경솔한 시도도 아니며, 또한 사도들의 증거에 대한 맹목적인 복종도 아니다. 오히려 그것은 이제 막 발생한 예수의 부활에 근거한 것이다.

하나님은 오직 신앙에만 계시되는가? 예수의 역사적 운명 안에서 이스라엘 하나님의 신성, 그의 힘과 사랑을 인식하는 자는 이를 통해 하나님에 대한 신뢰에 도달한다. 예수의 부활 안에 계시된 하나님을 신뢰하려 하지 않는 자는, 한때 역사가 하나님을 계시한다는 인식을 소유했다고 하더라도 이러한 역사 인식은 곧 흐려질 것이다. 그 누구도 하나님의 신성과 사랑을 분명하게 인식하면서 그를 신뢰하지 않을 수는 없다. 이렇게 신앙하는 자들만이 예수의 부활 안에 있는 하나님 계시의 인식을 실제로 굳게 붙잡는다. 하지만 신앙인에게 인식은 어떤 신앙적 결단의 일이 아니다. 오히려 이 인식이야말로 하나님과 예수 그리스도에 대한 신뢰에 근거를 제공한다. 그리고 인식은 진리를 모든 사람에게 선포하도록 용기를 주며 격려한다.

예수의 역사와 우리의 역사

그리스도교 신앙은 독특한 방식으로 과거의 한 사건과 연결되어 있다. 다른 어떤 종교에도 창시자의 역사적 인격이 이처럼 모든 것이 걸려 있는 토대는 아니다. 만약 그리스도교의 복음에서 예수의 지상적 행위와 그에게 일어난 십자가 처형과 부활을 제외하면, 고유하게 그리스도교적인 것은 아무것도 남지 않는다. 특히 예수의 가르침도 그 자체로 신앙의 근거와 내용이 될 수 없다. 그것은 그 자체로 무시간적으로 모두에게 통용되는 것은 결코 아니다. 예수의 복음은 그가 자신의 특수한 역사적 상황에서 드러냈던 권위 때문에 비로소 특별함과 의미를 지닌다. 예수는 아주 비범한 방식으로 권위 있게 모세의 율법을 풀이하고 하나님 나라의 태동을 선포함으로써 그렇게 했다. 그는 자신의 가르침에 함유된 요구로 인해 처형 당한 빌미를 제공했다. 이러한 사건의 배경에서만 그의 가르침의 본래적인 윤곽이 드러난다.

하지만 예수의 가르침에서 그 의미뿐 아니라 가르침의 유효성도 예수의 역사적 운명, 특히 그의 부활에 근거해 있다. 부활은 유대인들이 신의 모독자로서 저주했던 한 남성에 대한 하나님의 인증(認證)[01]으로서만 이해될 수 있었다. 부활이 없었다면 예수의 율법해석은 절제 없는 극단화로, 그리고 임박한 세계종말에 관한 그의 선포는 시대착오적인 오류로 남겨질 뿐이었을 것이다. 이처럼 예수의 가르침은 그 자체로 그런 것이 아니라 그 삶의 역사적 운명의 구성요소로 이해할 때만 진리이다. 그리스도교 신앙은 이천 년 전의 이러한 역사적 사건들과 이러한 사건들의 맥락에 함축된 의미와 전적으로 결부되어 있다. 그리스도교 신앙은 이것과 무관한 어떤 진리도 갖지 않는다. 이스라엘의 하나님조차도 이러한 사건을 통해서만 온 세상 앞에서 자신을 참되신 한 분 하나님으로 증거하셨다. 따라서 우리의 하나님 신앙도 나사렛 예수의 삶의 역사적 운명을 자아낸 사건들과 결부되어 있다.

---

01 göttliche Bestätigung의 번역이다. 부활은 단순히 죽은 자가 살아난 특이한 사건을 뜻하지 않는다. 판넨베르크에게 예수의 부활은 앞서 보았듯이 죽은 자들의 부활의 선취이며, 종말론적 사건으로, 예수의 인격과 그의 가르침과 역사적 운명 안에서 일어난 사건들에 대한 하나님의 긍정을 의미한다.

신앙과 통찰

우리가 보았듯이, 그리스도교 신앙은 자신의 희망을 아주 먼 옛날에 발생한 어떤 사건의 진리 위에 세운다. 그러므로 우리가 이러한 사건들에 대한 정확하고 확실한 지식(Kenntnis)[02]을 갖는 것은 당연히 중요하다. 이러한 지식은 막연히 신앙으로 대체될 수는 없다. 신앙이 앎을 대체해 버린다면, 그것은 분명 신앙의 근거가 되는 현실을 신앙 자체로부터 만들어 보증하려는 매우 허무맹랑하고 절망스러운 신앙이 될 것이다. 그리스도교 복음의 진리 질문에 대해 단지 신앙의 결단만을 촉구하게 된다면, 그때 신앙은 분명 (일종의 정신적) 발작으로 변질될 뿐이다. 신앙은 자신이 토대로 삼고 있는 어떤 것을 전제로 하며, 이것은 모든 의심에 반하여 항상 다시 현실적인 것으로서 입증되어야 한다. 이것은 다른 것이 아니라 예수의 삶의 역사적 운명을 형성하는 사건들에 대한 지식이다. 이러한 사건들 안에서 죽은 자들로부터의 예수의 부활은 특별한 의미가 있다. 바울은 이렇게 말한다. "그리스도께서 부활하지 않았다면 당신들의 믿음은 아무것도 아닙니다. 그렇다면 당신들은 여전히 여러분의 죄 안에 있고, 그리스도 안에서 잠든 자들도 또한 잃어버리게 됩니다."(고전 15:17 이하)

누군가가 죽음으로부터 부활했기 때문이 아니라, 하나님을 모

---

02 앞서 제5장에서도 신앙과 인식과 지식의 관계가 다뤄졌는데, 그때 지식은 Wissen이란 단어를 번역한 것이다. 여기서는 Kenntnis라는 단어를 지식으로 번역했다. 독일어 두 단어 사이에 의미상 큰 차이가 없어 보인다.

독했다는 죄목으로 유대인들에게 처형당한 나사렛 예수, 바로 그가 부활했기 때문에 예수의 부활에 그러한 결정적인 의미가 부과된 것이다. 만약 바로 이 사람이 죽은 자들로부터 부활했다면, 이것이 의미하는 바는 분명하다. 그가 모독했다고 하는 이스라엘의 하나님께서 오히려 자신을 그에게 알려 주셨다. 이러한 사건의 토대 위에 우리의 신앙이 놓여 있다. 신앙은 죽은 자들로부터 예수를 부활하게 하신 하나님께 대한 신뢰이다.(롬 4:25). 하나님께 대한 신뢰, 그것을 우리는 신앙이라고 부른다.

그러므로 이 신뢰는 우리 자신의 부활 희망이 근거해 있는 사건들에 대한 지식을 전제로 하고 있다. 이런 지식은 이성의 몫이다. 따라서 바울은 고린도전서 15장에서 이 소식의 신빙성을 위한 증거로서 부활현현을 체험한 증인들을 열거한다. 이러한 지식에서 죽은 자를 살리시는 하나님에 대한 신뢰가 자라난다. 우리는 오늘날 이런 명백한 사실에 대한 용기를 다시 발견해야만 한다. 신앙이 "신앙적 결단"을 통해 즉시 확실시될 수는 없으며 오히려 이성의 판단에 내맡겨져 있는 전제들을 갖고 있다는 사실을 우리는 우선 다시 배워야만 한다. 이것을 다시 배울 때, 우리의 그리스도교적 특성은 지금까지 달라붙어 있던 발작적인 특징에서 벗어날 것이다. 그런 이후, 우리의 신앙을 생동하게 하는 사건의 보편적 진리는 온 세상을 밝히고 완성하는 진리로서 명백해질 것이다.

역사학적 연구

그렇다면 예수의 역사적 운명에 관한 확실한 지식에 어떻게 도달할 수 있는가? 나사렛 예수가 고유한 전권으로 하나님의 요구들을 선포하고 질병들을 치유하며 임박한 세상의 종말과 하나님 통치의 시작을 선포했다는 사실을 어떻게 아는가? 그가 하나님 모독자로 체포되어 처형되었고 죽은 자들로부터 부활했다는 사실은 또 어떻게 아는가? 분명, 과거 사건들에 대한 지식을 습득하는 것 외에 다른 방식으로는 이것을 알 수 없다. 항상 그런 것은 아니지만 종종 이러한 지식은 예수에 관한 지식과 마찬가지로 분명한 정보, 증언, 문서 전승에 의해 뒷받침될 수 있다.

하지만 어떤 전승도 조사되지 않은 채 진실한 것으로 수용될 수는 없다. 그렇다면 이성에 반(反)하는 것이 될 것이다. 더구나 왜곡은 말할 것도 없고, 문제가 있거나 편파적인 전승들도 있다. 물론 진실한 소식들도 항상 어떤 특정한 경향을 갖고 발췌된 상태에서 전달된다는 사실쯤은 어떤 신문을 읽고 그 내용을 경우에 따라 다른 신문들과 비교하는 사람이라면 다 알고 있다. 사실들도 오직 특정한 관점에서만 인지되고 전달될 수 있다. 사실의 전달이 보도의 유일한 목적이 아니고 다른 목적들을 가질 때, 예컨대 그러한 사실의 의미를 전달하려고 할 때, 발췌와 설명에 미치는 관점의 영향은 더욱 엄청나다. 따라서 어떤 전승을 갖고 참된 정황에 관한 그림을 그리려고 할 때, 그것이 철저한 왜곡인지 아니면 양심적인 보도인지 결정하는 것만으로는 충분하지 않다. 무엇보다도 각각의 보도를 끌고 가는 관심사를 질문해야 한다. 전승의 진정한 관심사를 고려해야만 사실적인 실태를 추적할 수 있다.[03]

여기서 나는 역사 연구의 절차를 암시했는데, 이것은 범죄사건의 조사절차와 비교할 수 있다. 훌륭한 수사관은 이런저런 증인들을 신뢰할 뿐만 아니라 자신에게 참된 실태를 가리킬 간접증거들을 찾을 것이다. 그리고 이런 방식으로 증인들의 진술을 간접증거로 활용할 것이다. 그는 증인이 말한 것에서 그리고 또한 말하지 않은 것에서 고유한 추론의 실마리를 끄집어낼 것이다. 이런 방식으로 수사관은 사건 발생을 재구성할 것이다. 한 사람의 생애에서 일어난 어떤 사건을 확실히 알고자 하는 사람도 원칙적으로는 이와 유사하다. 역사학자도 물론 마찬가지다. 다만 역사가는 먼 과거의 사건을 밝혀야 하기에 훨씬 더 복합적인 보조자료들을 필요로 할 뿐이다.

이러한 역사학적 연구의 결과들은 결코 뒤집을 수 없는 것은 아니다. 이 결과들은 항상 어느 정도의 개연성이 있을 뿐이고 새롭게 발굴된 자료들과 새로운 문제설정을 통해 바뀔 수도 있다. 그럼에도 역사학적으로 확증된 확실성은 우리가 과거의 사건에서 얻을 수 있는 가장 큰 확실성이다. 따라서 그리스도교 신앙이 먼 과거의 사건들에 관한 지식을 전제로 한다면, 이런 사건들에 관한

---

03 사실적인 실태(tatsächlicher Sachverhalt)는 사건의 실제적 내용을 뜻한다. 판넨베르크는 사실이 문서화되는 과정에서 사실적인 실태를 드러내고자 하는 각각의 관심이 개입한다는 점을 놓치지 않는다. 성서의 본문들은 무관심하고 냉담한 사실의 보도가 아니다. 오히려 사실적인 실태를 드러내고자 하는 특정한 관심에서 기록되고 전승된 문헌이다.

가장 큰 확실성은 오직 역사학적 연구 방법으로만 도달할 수 있다.

초역사?

나사렛 예수의 삶의 역사적 운명 속에 일어난 사건들은 신앙의 토대가 된다. 이 사건들은 역사학적 연구를 통해 밝혀져야 하고 또 그런 방식으로만 가능하다는 것, 그리고 무엇보다도 이러한 역사학적 연구[04]의 결과들이 그리스도교 신앙의 근거를 포함해야만 한다는 것은 오늘날 그리스도교 신학 내에서 여러모로 논쟁 중이다. 역사학적 연구에 대한 불신이 엄청나다. 이것을 성서 전승에 적용하는 일이 일시적으로는 사실상 그리스도교 신앙의 근거를 앗아가는 결과를 초래하는 것처럼 보였다. 특히 오늘날에도 많은 연구자들은, 예수의 부활이 결코 역사학적 사실일 수 없다는 입장을 갖고 있다. 역사학자가 이성적인 방식으로 이것을 사실로 간주하기엔, 예수의 부활과 같은 사건은 유비도 전혀 없고 매우 비일상적이라고 한다. 그렇기에 오직 신앙만이 이런 비일상적인 사실을 수용할 모험을 감내할 수 있다는 것이다.

하지만 우리가 이미 보았듯이 신앙은 과거 사건의 확실성을 뒷

04 아래 본문에서 판넨베르크가 사용하는 historisch라는 단어는 '역사학적'으로 번역하여 geschichtlich(역사적)과 구분했다. 신학에서는 불트만 이후 이 구분이 중시되었는데, '역사학적'이라는 어떤 사건의 사실성, 객관성과 밀접하게 연결된다면, '역사적'은 이보다는 의미성에 방점이 찍혀 있다고 할 수 있다. 불트만의 입장에 반대하는 판넨베르크는 예수 부활사건의 '역사적' 의미성뿐 아니라 '역사학적' 사실성을 강조하며 중요하게 생각한다.

받침할 수 없다. 오히려 신앙은 그런 사건들을 전제할 뿐 아니라, 분명 역사학적으로 확실한 것으로 전제해야만 한다. 만약 예수 부활을 진정으로 역사학적 사실이 아니라고 본다면, 이것은 그리스도교 신앙에 해악이 될 것이다. 사도 바울이 강조했듯이 그렇다면 우리의 신앙도 무익하게 될 것이다. 하지만 과거에 실제로 일어난 사건으로서의 예수 부활의 사실에 대한 이의제기는 실상 역사학적인 이의제기는 아니다. 이것은 부활보도의 특성에 기인했다기보다는, 오히려 역사가는 이런 식의 비일상적인 사건을 사실로서 수용할 수 없다는 전제에 기인한 것이다. 이것은 비역사적인 논거다. 어떤 사건의 비일상성 때문에 그 사건의 사실성에 반대할 필요는 없다. 오히려 역사의 모든 사건은 어느 정도 유일회적이다.[05]

부활한 분에 관한 현현 보도가 신화나 순수한 전설로서 설명되어야 하거나 아니면 아무런 객관적 연결고리도 없는 주관적인 환상체험의 특징이 제시되었다면, 예수 부활의 사실성을 역사학적으로 반박할 수 있을 것이다. 어떤 사건이 완전히 비일상적이라는 사실만으로 그 사건의 실재성을 부정할 수는 없다. 이미 언급한 증거가 분명하게 제시되지 못한다고 해서, 예수 부활이 역사학적 사실이라는 추론을 반박할 수 있는 결정적인 이의제기가 오늘날 거론되는 것은 아니다. 오히려 이런 추론이 없다면 그리스도교

---

05 역사적 사건들이 유일회적이라는 판넨베르크의 관점은 19세기 종교사학파의 관점, 즉 모든 역사적 사건들은 반복가능하고 동질성과 유비를 갖는다는 주장에 반대하는 것이다.

공동체의 생성을 역사학적으로 설득력 있게 해명하는 것이 아마도 어려울 것이다.

지난 50년 간 신학은 신앙의 근거에 가해질지도 모를 위험성 때문에 역사학적 연구에서 돌아서는 숙명적인 오판을 저질렀다. 곧 역사학적 검토들에 대해 독립적으로 신앙이 설 수 있는 "무풍지대"(M. Käher)를 찾았던 것이다. 예수의 역사는 "초역사" 또는 구원사 또는 "원역사"로 "일상적인" 역사와 대립적으로 서술되었다. 이에 따라 신약학의 연구는 예수의 부활사건 대신에 첫 번째 공동체의 부활절 신앙에 대해서만 언급하곤 했다. 이에 반해 나는 과거 사건에 대한 어떤 지식도 역사학적 지식 밖으로 나갈 순 없다고 단정한다. 오직 예수의 부활이 역사학적 사실이기 때문에, 그를 부활하게 하신 하나님에 대한 믿음은 튼실한 토대를 갖는다. 그리스도교인은 예수 부활의 실재성이 다름 아닌 역사학적 연구로 인해 항상 다시 입증될 것이며 연구가 지속됨에 따라 역사학적 의심은 항상 다시 극복될 것이라는 사실을 신뢰해야만 한다. 하지만 신앙의 "무풍지대"란 있을 수 없다. 그렇다면 신앙은 역사학적 사실에 근거하지 않을 것이다. 하나님께서 그 안에 자신을 계시하신 예수의 역사적 운명이 역사학적 의심에 내맡겨져 있다는 사실은 예수가 참으로 인간이었다는 것에 본질적으로 함께 속한다.

역사의 통일성

처음부터 나는 그리스도교 신앙은 전적으로 예수의 삶의 역사적 운명에 달려 있다고 말했다. 그러면서 우리가 살펴본 것처럼, 여기서는 역사학자에 의해 확증돼야만 하는 사건들이 주요 논제일 수 있다. 이제 이미 말해온 것을 다른 측면에서 상술하고자 한다. 예수의 역사적 운명은 신앙의 근거가 되는 그 의미를 따로 분리하기보다는 오히려 이스라엘 백성의 역사라는 맥락 속에 그 의미를 두고 있다. 예수께서 아버지라고 불렀던 예수의 하나님은 곧 이스라엘의 하나님이었으며, 예수는 이스라엘의 하나님의 계명을 전수받아 그 뜻을 풀어주었다. 하나님 통치의 태동이 임박했다는 이스라엘의 기대는 곧 예수의 기대였고 그가 전한 복음의 내용이었다.

이처럼 예수는 그의 복음과 자신의 역사적 운명과 더불어, 이스라엘 백성이 시초부터 그들의 하나님과 함께 걸었던 그 역사 안에 속해 있다. 바로 이 역사야말로 오늘날 우리를 예수의 역사적 운명과 묶어준다. 왜냐하면 이스라엘 백성이 이집트에서 나와 팔레스타인에 정착함으로써 시작되는 하나님의 역사가 예수의 부활과 함께 종말[06]에 이르지는 않기 때문이다. 하나님의 역사는 거기서부터 그리스도교 신앙의 확장의 역사, 곧 그리스도교 선교의 역사

06 다시 한 번 더 말하지만, 종말은 끝장을 뜻하지 않는다. 종말은 역사가 궁극적으로 성취되고 완성될 마지막 때를 뜻한다.

가 되었다. 따라서 서구의 민족들은 이스라엘 하나님의 역사 안에 편입되었고, 거기서부터 그들의 세계사적 사명을 얻었고 성서의 하나님과 함께 하나의 역사 안에 항상 서 있다. 이렇게 볼 때, 서구의 역사는 이스라엘 백성의 유래에 그 시작이 놓여 있는 하나의 통일적인 사건들의 집약이다.

이러한 역사의 통일성은 이스라엘의 하나님이 되시는 그 하나님의 단일성 안에 근거해 있고, 신앙이든 불신앙이든 상관없이 서양의 전(全)역사는 이스라엘의 하나님을 통해 규정된다. 따라서 우리가 원하든 그렇지 않든 우리 모두는 우리 자신의 게르만 선조보다 이스라엘의 역사에 더 밀접하게 묶여있다. 고대와의 관련성도 오직 그리스도교를 매개로 해서 역사적으로 연결되어 있을 뿐이다. 유럽의 정신은 표면상 감지될 수 있는 것 이상으로 그리스도교를 통해 더 깊이 그리고 더 영속적으로 각인되었다. 세계에 대해 근대 인간이 가지는 자유와 기술도 성서 정신의 결과, 곧 성서의 하나님의 자유로운 피안성과 세계의 비신격화의 결과이다. 물론 근대가 그리스도교와의 결별을 통해 규정된다는 사실은 참이다. 하지만 이러한 결별에도 불구하고 근대가 그리스도교적 전제로부터 벗어난 것은 아니다.

서구의 역사의식

이스라엘의 하나님의 역사 안에 있는 예수의 역사적 운명과 우리의 역사를 이어주는 통일성은 여기서 매우 분명하게 나타난다. 즉, 구약성서와 구약성서에 근간을 둔 역사사상 덕분에 비로소 우리는 세계를 인류의 역사로서 이해하게 되었다는 사실이다. 다른 모든 고대 종교들은 세계를 우주적 질서로 이해했다. 신화의 보도에 따르면, 우주적 질서는 신들의 질서에 뿌리를 두고 있다. 이들 종교에서 지상적 사건은 영원한 신적 질서가 그 안에 반사된다는 점에서만 의미가 있다.

이스라엘 역사의 전개에서 그 사상의 독특성이 강하게 형성될수록, 이스라엘에서 이 점은 달랐다. 이스라엘의 하나님은 세계의 질서에 결부되지 않고, 오히려 이에 대해 자유롭다. 하나님의 자유는 그분이 언제나 다시 새로운 것, 예기치 못한 것을 일으키신다는 점에서 직접 드러난다. 따라서 고대 이스라엘의 눈들은 세계의 영원한 질서를 향하지 않았고, 오히려 그의 하나님이 열어주실 미래를 향해 있었다. 하나님의 약속은 미래를 향해 있고, 이스라엘은 그 미래를 기대하며 살았다. 이로써 시간은 약속에서 성취로 이어가는 비가역적 방향을 갖는다.

가장 오래된 역사서술에서 약속과 성취의 긴장은 세상의 전개 과정에서 예컨대 솔로몬이 다윗 왕조를 잇는 이야기와 같은 하나의 부분적 사건을 포괄한다. 하지만 묵시사상에서 마침내 이스라엘은 세계사건 전체를 궁극적 목표에 이르는 하나님의 길로서 이해한다. 이런 궁극적 성취는 이제 죽은 자들의 부활사건으로서 기대되었다. 여기서부터, 즉 신약의 증인들에게나 후기 이스라엘에게나 유효했던 이러한 역사개념의 틀에서 비로소 예수 부활의 의미를 완전히 가늠할 수 있다. 하나님께서 예수를 부활하게 하심으로써 모든 역사의 목표인 죽은 자들의 부활이 이미 그에게서 일어났다. 우리에게 종말은 아직 오지 않았다. 즉, 우리의 부활은 여전히 일어나지 않았다. 세계와 관련해서 역사는 아직 완성되지 않았다. 우리의 상황은 여전히 이렇다. 이로써 오늘날 우리에게 주는 예수 부활의 의미가 도출된다. 그에게 세계의 종말은 이미 이루어졌다. 하지만 그 종말은 우리를 기다리며, 우리에게는 여전히 미래 속에 감춰져 있다. 우리의 삶에 대한 예수의 역사적 운명이 지닌 의미는 궁극적 목표를 향해 있는 하나님의 역사로서 세계를 보는 성서적 이해의 틀 속에서 비로소 이해될 것이다.

세계를 역사로 이해하는 성서적 이해에서 역사에 관한 모든 서양의 사유가 유래한다. 근대의 역사철학 모두, 현실을 역사로서 이해하는 성서적 이해를 세속화하는 과정에서 생겨났다. 하나님의 자리에 이제 인간이 역사의 담지자로 선 것이다. 역사의 통일성은 역사를 이끌어가는 하나님의 섭리에 근거한 것이 아니라 오히려 점점 고도로 발전해 가는 인류의 통일성 안에 근거하게 되었다. 하지만 이제 하나님이 아니라 인간이 역사의 담지자가 된다면, 역사는 그 통일성을 잃게 될 것이다. 인류란 단지 다양한 개별인간의 다수성으로만 존재할 뿐이다. 따라서 일단 인간을 역사의 담지자로 만들고 난 이후에는 이러한 역사의 내적 통일성을 더 이상 확정할 수는 없을 것이다. 하지만 역사의 통일성이 와해되면 오늘날 역사적 의식도 침몰할 위협에 처하게 된다. 성서의 하나님에 의해서만 지속적으로 인류역사의 통일성과 서구역사의 유산이 보존된다.

부활소망의 진리

하지만 성서의 보편적인 역사개념은 반드시 죽은 자들의 부활이라는 일반적인 미래에 대한 묵시사상적 기대를 전제로 하는가? 우리는 이러한 기대로 형성된 배경에서 예수의 부활이 그 충만한 의미에서 비로소 모든 역사의 완성의 태동으로 인식될 수 있다는 사실을 알았다. 하지만 그리스도교 신앙의 인간학적 전제들로 간주될 수 있는 이러한 기대는 20세기의 인간에게도 여전히 기대될 수 있는가? 나는 근대의 인간학 연구가 이러한 기대에 담긴 이성적 진리를 통찰할 길을 발굴했다고 본다. 인간의 세계개방성, 곧 이 세계 내의 모든 상황을 넘어서는 개방성은 오늘날 죽은 자들의 부활에 대한 기대 속에서만 생각될 수 있다. 세계개방성이라는 표현은 인간의 무한한 숙명[07]을 보여준다. 이에 대해 이전 시대에는 다른 방식으로 알고 있었고 이를 위해 철학자들은 항상 죽음 너머의 존재를 가정하곤 했다. 하지만 철학적 전통은 이미 그래왔듯이 이러한 죽음을 넘어서는 인간의 무한한 숙명을 영혼의 불멸성으로 생각해 왔다. 이러한 생각은 오늘날 우리에겐 낯설다. 왜냐하면 새로운 인간학은 영혼의 일과 신체적 사건의 통일성을 지시하며, 우리는 몸 없는 영혼을 생각할 수 없게 되었기 때문이다. 따라

---

07 판넨베르크에게 '무한한 숙명'이라는 개념은 세계개방성(Weltoffenheit)이 짝을 이루는 개념으로서 인간은 그 무엇에 제약되거나 갇혀 있을 수 없다는 사실을 지시한다. 세계개방성이라는 개념은 판넨베르크가 20세기 철학적 인간학에서, 즉 아놀드 겔렌(Arnold Gehlen)이나 헬무트 프레쓰너(Helmuth Plessner)의 인간학에서 자신의 신학에 도입한 개념이다.

서 우리는 죽음을 넘어서는 인간의 무한한 숙명을 더는 영혼의 불멸성으로 생각할 수 없으며, 오히려 가능하다면 다만 죽은 자들의 부활로서 생각할 수 있을 뿐이다.

이처럼 오늘날 성서의 묵시사상적 역사개념에 내포된 인간학적 전제, 곧 죽은 자들의 부활 기대의 진리가 다시금 완전히 새롭게 발견되었다고 할 수 있을 것이다. 그렇다면 역사적으로 믿을 만한 기적이라고 하면서도 예수의 부활을 이해할 수 없는 것으로 간주하는 일은 그만둬야 한다. 예수의 부활은 이제, 우리에게는 아직 일어나지 않은 일이지만 예수에게는 이미 일어난 역사 완성의 태동으로서 다시금 이해될 수 있을 것이다. 따라서 예수의 역사적 운명, 곧 그분의 말씀과 고난과 십자가와의 결합은 예수에게만 나타난 사건, 곧 인간의 숙명이 완성될 부활의 생명에 대한 미래적 참여를 보증한다.

7장

그는 우리의 하나님일 것이다

현재의 삶은 우리가 일상적으로 활동하고 있는 세계와 우리 자신이 살아온 정신적 전통들 사이의 간격을 곳곳에서 보여주고 있다. 이러한 간격은 오늘날의 현실과 그리스도교 신앙의 관계에만 두드러진 것은 아니지만, 여기서 매우 심각하게 드러난다. 이러한 심각성은 현실과 실질적인 만남을 규정하는 과학의 세계상과 이에 상응하는 성서적 표현 사이에 아무런 연관도 거의 찾아볼 수 없다는 점에 기인한다. 게다가 이제 성서의 하나님은 자연을 이해하는 데는 어쨌든 불필요할 뿐 아니라 자연을 인식하기 위해 하나님의 현실성을 배제하는 것이 방법론적으로 필수적인 것으로 보인다.

동일한 요구가 역사와 관련해서, 그리고 거기서 자라나온 전승들과 관련해서도 제기된다. 따라서 이러한 사실이 다방면에서 자명하게 여겨지고 있듯이, 역사적 현실에 대한 현실주의적 이해는 역사적 삶의 역동적 힘들을 역사적 삶에 참여했던 사람들에게서만 찾고자 한다. 이러한 사실을 염두에 둘 때, 아무도 자신의 직업적 삶, 일상과 공적인 현장에서 진지하게 하나님의 현실성을 고려하지 않는다고 해도 놀랄 필요는 없다. 축제 현장에서 축사를 위해 종교적 언사를 내뱉는 경우를 제외하고는 종교는 마치 자유롭게 즐기는 취미활동처럼 사실상 사적인 일이 되어버렸다.

일상에서 그리스도교인을 포함하여 모두가 자연과 역사 안에 일어나는 사건들과 그것의 진행, 그리고 우리의 과제들이 마치 성서의 하나님과는 상관없이 전혀 다른 근거에 의해 결정되는 것처럼 행동한다. 이러한 일은 계속되고 있으며, 넓은 의미에서는 제1계명에 반하여 살고 있다. 하지만 어떤 강제적인 결정에 의해 이런 일이 변경될 수는 없다. 하나님의 현실성과 분명한 관계를 이제 맺지 않는 세상에서는 하나님의 계명이 준수될 수 없다. 오히려 그러한 세상에서 하나님의 계명은 불필요한 발작 정도로 취급될 뿐이다. 우리의 현실이해 전체가 뒤바뀌어야만 하나님의 계명대로 살 수 있다. 분명 이러한 과제를 수행하기 위해 이 시대의 정신을 함께 형성했던 모든 그리스도인이 특별한 방식으로 협력해야 한다.

하나님은 이스라엘을 이집트에서 탈출시키는데 성공하였고, 홍해에서 이집트의 추격에서 구원하였으며, 예전에 약속했던 땅을 이스라엘이 획득하게 함으로써 자신을 현실의 주님으로서 증거하셨고, 그분의 이름으로 매년 언약 갱신 축제에서 십계명이 선포되었다. 이스라엘은 자신들이 살았던 땅에 원주민이 아니라 하나님의 사랑을 받은 자로서 거주했다고 확신했다. 이로써 하나님의 계명이 뜻하는 바가 무엇인지 분명해진다. 하나님과 맺은 언약법에 대해 이스라엘이 어떻게 처신하느냐에 따라 그들이 하나님께서 주신 땅에 지속적으로 머물 것인지, 아니면 다시 잃어버리게 될 것인지가 결정될 것이다. 실제로 그들이 땅을 잃고, 주전 587년 유대인 지도층이 바빌론으로 추방당하며 이스라엘의 주권적 삶을 잃었을 때, 그때 그들은 하나님의 무기력함을 본 것이 아니라, 전승에 따라 항상 그렇게 해 왔듯이 그들이 야웨의 언약법을 지속적으로 범한 결과라고 생각했다. 따라서 한편에서 계명들은 근간이 되는 역사행위, 야웨의 신성의 증거를 전제로 하며, 다른 한편에서는 계명들 자체가 그에 대한 인간의 처신에 따라 계속해서 역사를 만들어간다.

하나님의 신성을 증거하는 근원적 역사와 그 뒤로 다시금 역사를 만들어가는 계명들 사이의 관계는 그리스도 계시와 그로 인해 생겨나는 교회사와 “그리스도교 세계”의 사건들 사이의 관계에서도 재현된다. 예수의 역사 안에 나타난 이스라엘 하나님 신성의 계시는 무엇보다도 여러 가지 면에서 다른 사건들과 상이하다. 물론 이러한 사건들도 구약성서의 제1계명과 연관되어 있으며, 야웨는 이 사건들 안에 자신의 신성을 이스라엘에게 증거하셨다.

그리스도 사건이 근원적인 의미를 갖게 되는 지평은 원래부터 유대 묵시사상에 의한 세계사와 인류사 전체이다. 묵시사상의 발생은 바빌론 제국의 예루살렘 점령으로 인해 초래된 옛 이스라엘의 국가적 재난과 밀접하게 연관되어 있다. 이 사건은 제1계명이 지시하고 있는 근본토대의 파멸을 뜻한다. 하나님의 세계통치가 예루살렘의 함락과 더불어 이곳에서 바빌론으로 넘어갔으며, 이후엔 페르시아로 넘어간다는 확신이 예레미야와 제2이사야에 의해 생겨났다. 이와 같은 선상에서 다니엘서는 시작한다. 이전에 다윗 왕조와 연결되어 있던(시 2:7) 세계통치의 위임권이 예루살렘의 함락 이후에는 바빌론으로 옮겨졌으며, 이후엔 페르시아로, 그리고 그 다음엔 그리스와 헬라의 군소 국가들로 넘어갔다.

하지만 다니엘에 따르면 이러한 세계제국의 순서는 다만 과도기에 불과하며 마지막 왕국에 의해 곧 사라지게 될 것이다. 이 마지막 왕국은 세계제국들과는 달리 더 이상 동물의 형상이 아니라 한 인간의 형상으로 상징된다(K. Koch). 나중에 언급되었듯이 이 왕국은 하나님 자신의 왕국이며, 죽은 자들의 부활과 세계심판을 통해 시작된다.(단 12:2) 그때, 이스라엘은 다시금 하나님께서 다스리는 세계통치의 중심이 될 것이다.(단 7:27)

이처럼 묵시사상은 순차적으로 등장하는 세계왕국의 과정을 중간시기로 이해하여, 특히 포로기 때부터 예언자들이 예고했던 미래적 구원의 기대라는 틀 안에 집어넣었다. 이러한 보편적 의식의 지평에서만 예수의 등장이 이해될 수 있으며, 그가 선포한 하나님 나라의 비매개적 가까움과 거기에 참여할 수 있는 조건들이 이해될 수 있다. 예수는 임박한 하나님 나라의 선포자인 그 자신과 인간의 관계를 철저히 미래적 영광에 들어갈 조건으로 내세웠다. 그리하여 궁극적 결단을 이미 지금 선취한 자로 자신을 주장하며 하나님의 궁극적 계시가 그의 인격 안에 있음을 주장하였다. 이러한 예수의 요구를 많은 동시대인들은 하나님에 대한 모독으로밖에 볼 수 없었지만, 예수의 처형 이후 예수가 죽은 자들로부터 부활하게 되는 사건을 통해, 그리고 하나님 자신을 통해 그의 요구는 증명되었다.

따라서 예수의 역사 안에서 이스라엘의 하나님은 온 인류의 한 분 하나님으로 궁극적으로 드러나게 되었다. 이는 예수의 선포 지평을 형성했던 묵시문학적 의식의 보편성에 상응한다. 이로 인해 그의 부활이 증명했던 예수의 전권요구와 마찬가지로, 부활절 사건의 빛에서는 그의 십자가 처형의 의미도 하나님과 맺은 대리적인 화해로서 보편적이다. 그런 점에서 온 인류가 예수와의 사귐을 고백하며 이로 인해 세계선교가 일어났다.

이스라엘에게 근원적이었던 이집트 탈출과 팔레스타인 정착의 역사와는 달리, 예수의 역사 안에서 결의된 새로운 하나님의 계시는 모든 인간을 향한 것이지, 이스라엘만을 위한 것은 아니다. 사람들이 하나님 나라의 가까이 계심에 대한 예수의 복음을 신뢰하는 한, 다가오는 하나님 나라의 출구는 예수를 통해 모든 인간에게 개방되어 있다. 예수로 인해 구원은 이스라엘뿐 아니라 모든 인간에게 영향을 주며, 그의 대리적인 고난으로 인해 하나님과의 화해도 마찬가지로 모든 사람에게 영향을 미친다. 하지만 이전에 이스라엘에게 약속했던 땅과는 달리 예수 안에 일어난 구원은 모든 사람에게 해당되는 구원으로서, 구원에 도달하기 위해 우선적으로 만민에게 선포되어야만 한다.

제1계명은 이제 그리스도교 안에서 보편적 선교의 형태를 띤다. 이로부터 모든 다른 계명들도 빛을 발하게 된다. 옛 이스라엘에서는 하나님에 의해 선택된 백성을 백성으로 유지하는 것에 그 계명의 의미가 있었다면, 이제 그 의미는 인류 전체로 확장된다. 그리스도교 공동체는 이스라엘과는 달리 단지 인류 전체의 대리자로서 살고 있을 뿐이다. 무엇보다도 차이는 그리스도교 공동체가 자신의 보편적 파송을 거역하지 않으려고 한다면, 자신의 형태가 단지 임시적임을 염두에 둬야 한다는 점에 있다. 왜냐하면 오직 예수 자신에게만 부활현실의 종말적 구원이 이미 나타났으며, 우리에게는 여전히 나타나지 않았기 때문이다.

그리스도교적 현실의 실현은 새로운 인류 전체를 향해 개방되어 있는데, 이는 그리스도 계시의 궁극성에 부합한다. 보편적 선교와 보편적이지만 실제적인 실현에 있어서는 항상 단지 잠정적일 수밖에 없는 삶의 형태, 이 두 가지는 예수의 역사적 운명에서 계시되었듯이 모든 것을 결합시키는 신적 사랑에서 시작되는데, 이것은 신적 계명의 그리스도교적 형태이며 예수의 역사 안에서 종결된 구원에 근거해 있는 삶의 그리스도교적 형태이다. 선교와 그리스도교 삶의 형태라는 이 두 가지 특징은 본래적으로 동일한 주제의 양면이다. 이 둘은 예수 그리스도 이후로 역사의 흐름을 결정한다. 따라서 이 한 분에게서 종말이 앞서 일어났고, 이러한 사건으로서의 예수의 역사를 어떤 후속적인 사건도 결코 뛰어넘을 수 없다. 이는 하나님의 궁극적 계시이다. 그리고 그 안에 결정되어 있는 보편적 의미는 모든 후속 사건을 통해 그 참됨을 입증하게[01] 된다. 이스라엘의 하나님은 예수 그리스도 안에서 우리를 위해 그리고 모든 인간을 위해 일어난 유일회적 사건을 통해 우리의 하나님과 모든 인류의 하나님이 되셨다.

하지만 하나님은 모든 후속 역사에서 새로운 인간집단에게 언제나 다시금 자신을 예수 그리스도로부터 존재하는 분으로 증거했는데, 이런 일은 어디나 똑같이 적용되는 것이 아니라 시간의 경과 속에서 그리스도교와 결합된 민족들에게 특별한 방식으로 일어났고, 또한 특별히 그리스도교를 특징으로 삼는 문화권으로서 서구의 민족들에게 일어났다. 교회와 그리스도교 세계가 그의 보편적 파송에 복종한다면 이스라엘과 예수의 하나님은 이를 통해 자신의 신성을 증거한다. 또한 하나님은 교회와 그리스도교 세계가 그의 파송을 성실하게 이행하지 않을 때, 교회와 그리스도교 세계에 대한 심판을 통해 자신의 신성을 증거한다.

그리스도 계시(Christusoffenbarung) 안에 정초된 보편적 파송은 우선적으로 이방인 선교를 뜻하는데, 이는 바울이 길을 열어놓은 것이다. 이방인 선교에 문을 닫았던 유대 그리스도교 공동체는 역사의 흐름 속에서 곧장 사라지고 말았다. 그 자체로 보편성을 지향하는 그리스적 사유와의 연결은 이방인 선교와 내적으로 일맥상

---

01 하나님의 계시가 그리스도를 통해 나타남을 뜻함. 창조계시와 대조적으로 사용되기도 한다.(Schöpfungsoffenbarung)

통한다. 먼저, 고대 오리엔트 종교들이 여러 면에서 헬라화 되는 과정 중에 양립될 것으로 보이는 구원의 기대들과 만남이 있었고, 그런 다음 그리스 철학의 전통, 특히 참된 신에 관한 철학적 질문을 수용함으로써 이런 일이 일어났다. 오해하지 말아야 하는 부분이 있다. 고대 헬레니즘적 유산은 낯선 것이나 복음의 왜곡으로 고대교회에 들어온 것이 아니다. 헬레니즘적 유산을 자기 것으로 동화한 것은 그리스도 복음의 보편적 본질에 따른 당연한 귀결이며, 교회의 초석과 분리될 수 없다.[02]

그 당시 신비종교의 구원에 대한 동경을 자신 속에 집약시키지 못했다면, 그리스도교적 구원의 복음은 형성되지도 못했고 발판을 마련할 수도 없었을 것이다. 이스라엘적이며 유대적인 특수한 주장에서 분리하여 참된 한 분 하나님에 관한 철학적 질문을 성서적 유일신론과 연결시키지 못했다면, 이스라엘의 하나님이 모든 인류의 한 분 하나님이라는 신앙을 비유대인이 발견하진 못했을 것이다. 보편적 선교는 무엇보다도 로마제국 내의 지중해 세계가 융합되면서 가능해졌다. 이것은 스스로를 포기하거나 사소한 종파로 만들면 모를까 결코 부정할 수 없는 그리스도교의 근본토대이다.

---

02 판넨베르크는 이처럼 종교의 통합적 힘을 중시한다. 하나의 종교가 다른 이질적인 종교와 문화를 자기 속에 통합할 수 있는 힘을 갖고 있느냐는 그 종교의 본래적 특성에 속한다. 그리스도교는 그런 면에서 주변의 경쟁하는 종교와 문화를 비판적으로 통합할 수 있는 고유한 힘을 갖고 있었는데, 본문에서는 이를 "그리스도 복음의 보편적 본질"이라고 표현했다.

우선적으로 4세기에 콘스탄티누스적 전환,[03] 곧 그리스도교 제국의 생성은 그리스도 계시와 아주 적극적인 관계 안에 놓여 있다. 오늘날 사람들은 콘스탄티누스 시대의 종말에 대해 흔히 말하면서 조금은 재빨리 교회와 국가의 연관성을 외면하곤 한다. 하지만 그리스도 계시는 공법생활[04]과 국가의 영역에 대해 결코 동떨어져 있지 않다. 구약성서의 공동체가 본질적으로 공의공동체, 야웨에 의해 선택되었고 그의 계명에 따라 살았던 이스라엘 백성 내부의 공의공동체였던 것처럼, 신약성서의 공동체도 본질적으로 공의공동체이며, 종말론적 공의공동체를 지향했다. 결국 그리스도 계시는 원칙적으로 거주하는 모든 세계를 포괄한다.

예수는 하나님의 공의를 아무런 의미 없이 풀이하고 시행하면서 종말의 왕으로 행동하진 않았다. 그에게 하나님 나라는 현재였다. 그의 공동체는 물론 아직은 완성된 하나님 주권의 시대에 살고 있진 않지만, 하나님 나라를 기대하면서 선취적으로 그것에 참여하며 자신을 확립해 나갔다. 이러한 선상에서 초기 그리스도교의 선교는 고대 윤리와 연결할 수 있었다. 또한 이러한 선상에서 더 나아가 고대교회는 놀랍게도 콘스탄티누스가 그리스도교 황제로 등장했을 때보다 더 밀접하게 국가적 삶과 결합될 가능성에 직면하

03 콘스탄티누스적 전환은 313년 콘스탄티누스 황제의 밀라노 칙령에 의해 로마제국에서 그리스도교가 공식적으로 종교로 승인된 사건을 계기로 제국 내에서 그리스도교의 위상이 전환되었음을 뜻한다.

04 공법생활(Rechtsleben)과 공의공동체(Rechtsgemeinschaft)라는 번역어에서 Recht는 법, 공의, 권리, 옳음 등의 의미를 지닌다. 따라서 '공법'은 단순히 형식적 법을 의미하지 않으며, 실제 내용상 권리와 공의를 함축하고 있는 법의 내용을 지시한다.

였다. 유사한 상황에서 교회는 언제나 또다시 유사하게 결정했을 것이며, 정치세계에 대한 책임감을 떨쳐낼 수는 없었을 것이다. 교회는 영지주의의 세계 도피적 태도를 자신의 것으로 삼을 수 없다.

물론 그리스도교 국가의 더 어려운 문제점이 즉시 드러났는데, 그리스도교인의 군복무 문제뿐 아니라 제국이 옛 로마제국과 같이 중요하게 자신을 부각시켰으며 이방인 황제에 대한 숭배도 계속해서 변화된 모습으로 유지되어야 했기 때문에 무엇보다도 모든 국가적 삶의 형태가 잠정적이라는 사실이 잊혀졌다. 그리스도교 제국과 하나님 나라의 차이와 함께 제국과 하나님 나라를 추구하는 교회의 차이도 불명확해졌다. 결과적으로 보편적 선교도 정체되고 말았는데, 그리스도교와 로마제국이 한 덩어리가 되었기 때문이다. 마찬가지로 그리스도교적 삶의 형태의 잠정성과 마찬가지로 교리의 잠정성도 안중에 두지 않았기에, 제국적인 신앙의 형식적 일치와는 반대로 거대한 분열이 고대교회에 발생했다. 이로 인해 나중에 시리아, 팔레스타인, 이집트는 이슬람에 의해 쉽게 약탈당할 수밖에 없었다.

콘스탄티누스 제국의 길에서만 하나님의 이끄심(Führung Gottes)을 찾아야 할 것이 아니라 서양의 길, 즉 민족이동의 혼란 속에 있었던 교황권의 강화와 유럽 민족, 특히 게르만 민족이 그리스도교로 개종한 사건 속에서 그리고 칼 대제의 서구적 제국 형성에서도 하나님의 이끄심을 찾아야 할 것이다. 사람들은 교회와 사회의 잠정성을 인정하지 못한 사례를 교황권과 황제권 사이의 비극적 논쟁들 속에서 감지할 수 있다. 황제권의 패배는 또한 교황권에도 영향을 끼쳤고, 그 결과는 보편적 의식의 쇠락이었고 그리스도교적 동기들과는 거리가 먼 민족국가적 사유의 등극이었다.

13세기의 이탈리아의 도시국가들의 가차 없는 자국 이익중심의 정책으로 인해 전체 그리스도교 국가에 대한 배려 없이 자신만을 오직 정통이라고 여기며 자신의 사역범위를 확장할 수 있었던 서방 그리스도교의 편협함은 제4차 십자군 원정에서 분명히 드러났다. 결국 이로 인해 동방과 서방의 궁극적 결별이 확정되었으며, 이슬람에 대한 비잔틴의 방어벽이 무너지게 되었다.

종말, 곧 세계의 궁극적 목적과는 동떨어져 있다는 비판적인 의식의 결여가 황제와 교황 사이의 쟁투에서만 아니라 중세교회의 교의적–법적 형태에서도 두드러지게 나타났으며 또한 로마교회가 종교개혁을 무시했을 때 새롭게 드러났다. 다른 한편, 스콜라주의가 고대의 정신적 자산을 그리스도교적으로 통합하여 관리하는데 실패했기 때문에 근대시기에 광범위한 정신적 위기가 발생했고, 이 위기는 근원적으로 그리스도교적인 자극을 통해 교회와 신학에 반대되는 방향으로 독특하게 다방면에서 전개되었다.

지난 세기 유럽의 전쟁 속에서 "그리스도교 열방가족"[05]은 산산조각이 나고, 초기 자본주의 시기에 공의를 구현하는 사랑은 실패하고, 그리고 식민통치의 시기에 유럽 이외 지역의 민족들에 기

05 "그리스도교 열방가족"(christliche Völkerfamilie)은 유럽의 다양한 민족들이 그리스도교 문화권 내에서 하나의 가족을 이루고 있음을 지시하며, 다양한 민족들이 동일한 가치와 종교와 문화를 공유함을 의미한다.

회를 제공하지 못한 것 - 이로 인해 오늘날 유럽에 반대하는 민족주의적 사유가 되살아났다 - 에 이르기까지 서구의 역사는 인간의 죄책과 그에 대한 하나님의 징벌의 길이었지만, 언제나 또한 하나님의 보호하심의 길이었다. 유럽은 종파분쟁에도 불구하고 하필이면 계몽주의로 인해 정신적 통일성을 획득하게 되었다. 서구의 문명과 그리스도교적 이단인 공산주의가 교회의 선교보다 더 성공적으로 지구상에 퍼져나갔다. 여기엔 자신의 파송을 확신한 그리스도교를 위한 기회가 또한 놓여 있다.

하나님은 보편적 그리스도교 선교라는 그의 목표를 서구를 통해 추구했으며, 세계는 유럽을 통해 다름 아닌 근대시기에 하나의 세계로 성장했다. 물론 이는 그리스도교 신앙이 전파됨으로써가 아니라 서구적 학문과 기술이라는 우회로를 통해서 이뤄졌다. 하지만 서구의 학문과 기술도 그리스도교의 정신적 토대 위에서 발생한 것이다. 하나님은 이처럼 점점 더 하나가 되어가는 세계를 또한 자신의 고유한 목적, 곧 그리스도 진리를 인식하는 것에 더 가까이 다가서도록 하실 것이다. 물론 그분이 서구가 자신의 기회를 여러 번 놓친 이후에도 여전히 서구를 자신을 위한 도구와 중심지로 활용하실지에 관해 우리는 알 수 없다.

하지만 그리스도교 전승의 상속자로서 우리는 그리스도 계시의 보편적 진리를 모든 사람들에게 선포하도록 부름 받은 자들이다. 이것은 우리 위에 설립된 하나님의 첫 번째 계명이며, 우리의 고유한 역사의 기본법이며 예수 그리스도 자신의 역사에 근거해 있고 그리스도교 역사 안에서 하나님의 이끄심과 심판의 경험들을 통해 항상 다시 증명되고 있다. 우리의 역사는 이스라엘의 하나님이 우리의 하나님이며, 모든 사람의 하나님이 되시고자 하는 증거로 가득 차 있다. 이는 모든 분야에서 우리가 자신의 삶을 하나님으로부터 이해하며 살아야 함을 요구한다. 이를 위해 우리는 교회의 새로운 통일성과 공의를 구현하는 사랑을 통해 이뤄질 인류의 하나됨의 새로운 형태를 전망하며, 모든 현실을 그분의 창조로서 인식해야 한다. 또한 우리는 아직도 여전히 종말론적 목표에 도달하지 못했다는 겸허한 의식 속에서 우리의 삶과 세계를 그리스도 진리의 증거가 되도록 형성할 용기를 가져야 한다. 이때 우리는 하나님의 도우심을 확신하며, 그 안에서 우리의 삶도 충만함을 얻게 될 것이다.

하나님의 계시와 근대의 역사

우리가 역사를 체험하듯 하나님이 역사와 정말 관련이 있다는 생각은 오늘날 더 이상 자명하진 않다. 몇몇의 신학자와 그리스도인은 인류사의 사건들이 마치 하나님의 계시와는 다른 영역에서 일어나는 것처럼 생각한다. 그러나 창조주이신 하나님께서 일어나는 모든 일에 역사(役事)하시며 그 분의 의지가 없이는 머리카락 하나라도 떨어지지 않는다고 우리는 확실히 믿고 있다. 하지만 몇몇 사람들에겐, 우리의 경험이나 이전 시대의 증언에 따라 재구성된 사건들과 예수 그리스도 안에 있는 하나님의 계시 사이에는 어떤 관계도 발견할 수 없을 정도로 역사의 이러한 차원은 감춰져 있는 것으로 간주된다. 하나님의 계시는 위로부터 수직적으로 우리의 세계 안에 돌입해 들어오는 사건이기에 한순간도 우리의 역사 지평에서 발생하는 사건들과 함께 언급될 순 없는 사건으로 볼 수밖에 없다.

계시와 역사 – 대립인가?

계시와 역사의 이러한 대립은 제1차 세계대전 이후의 신학적 문화비평 시기의 특징이지만 개정이 필요하다. 물론 하나님은 전적으로 세계와 다르며, 상상할 수 없을 정도로 세계와 상이하다. 하지만 하나님께서 자신을 계시하는 한, 그분은 세계 안에 계신다. 역사는 창조세계에서 일어나는 하나님의 행위다. 그러므로 역사는 하나님 없이는 전혀 충분히 이해할 수 없다. 역사를 단지 인간적 행위들의 영역으로 생각할 때도 역사는 여전히 이해되지 않는다. 왜냐하면 인간적 행위들은 그 자체로 역사의 요소들일 뿐이지, 역사의 과정이나 그 과정의 개별적인 거대한 단면을 전체[01]로 만들 수는 없기 때문이다.

최초로 이스라엘 백성이 성서의 전능하신 하나님의 행위의 관점에서 전체 현실을 끊임없이 변하는 역사의 과정으로 이해한 것은 우연한 일이 아니다. 성서의 하나님이 자신의 전능한 자유로 창조

01 여기서 말하는 전체(das Ganze)는 개별적 사건을 수량적으로 포괄하는 전체가 아니라, 이들 모두를 하나로 묶어내는 질적인 의미의 전체를 뜻한다. 따라서 판넨베르크에게서 역사의 전체성과 통일성은 서로 다른 개념일 수 없다.

세계를 포괄한다는 점에서 창조세계의 통일성은 역사의 통일성이다. 역사에는 시초부터 종말을 향해 항상 다시 예측불가능한 새로운 일이 일어난다. 그리고 창조의 시작부터 종말에 이르기까지 이러한 역사 안에서 일어나는 그 분의 행위의 전체적 연쇄를 통해, 성서의 하나님은 세계의 주님으로서, 참된 하나님으로서 그리고 자신의 작품을 다스리는 창조주로서 자신을 증명한다.

그렇게 함으로써 또한 하나님께서 자신의 창조세계와 더불어 목적하신 것, 곧 창조세계에 대한 하나님의 영원한 뜻이 증명된다. 모든 사건이 전체로서 종결되었을 때, 모든 사건의 종말에 이르러서야 비로소 이러한 것이 궁극적으로는 밝혀질 수 있다. 마지막 출구에서 비로소 이전에 일어났던 모든 것들의 의미가 결정된다. 여전히 예측할 수 없는 사건이 남아 있는 한, 이미 일어난 사건도 전혀 새로운 빛으로 여전히 다시 조명될 수 있다. 따라서 성서는 하나님의 궁극적 계시를 기다리며, 이와 연결하여 세상 속에 일어난 모든 사건의 궁극적 해명을 최후의 미래로부터 기대한다. 최후의 미래는 옛 세계의 종말과 창조세계의 갱신을 가져올 것이다. 궁극적 계시는 모든 사건의 전체와 연관된다는 점에서 마지막에 일어난다. 왜냐하면 모든 사건의 전체를 통해서만 성서의 하나님은 자신의 신성 안에서 - 만물의 주님으로서 - 자신을 증명할 수 있기 때문이다. 사건의 전체는 사건이 마지막에 도달할 그때에야 비로소 전체가 된다. 그렇다면 예수의 역사도 그 안에 마지막과 궁극적인 것이 미리 앞서서, 즉 아직 종결되지 않은 시간의 한복판에 이미 나타났다는 점에서 하나님의 계시라고 할 수 있다.

하나님의 계시에 관한 성서적 사상을 이렇게 이해할 수 있다면, 우리는 하나님의 계시에 대해 달리 말할 수는 없고 다만 이렇게 말할 수밖에 없다. 우리는 역사를 보는데, 분명 역사를 전체로서, 보편사로서 본다. 물론 이것은 우리의 경험과 지식에서도 항상 마찬가지다. 역사에 관한 우리의 지식은 항상 매우 불충분하고 부족함이 있다. 이에 대해서는 어떤 이의 제기도 없다. 물론 계시사건의 의미에 관한 우리의 인식도 불충분하다. 하지만 그렇다고 해서 우리의 인식을 하찮게 여겨서는 안 된다. 다만 이런 잠정적인 특징을 감안하고서도 우리는 보편사의 맥락에서 그리스도 계시를 언급하려고 한다. 보편사는 본질적으로 그리스도 계시와 연관되어 있다. 하지만 다만 이 땅에서 순례의 길을 걷고 있다는 점에서만 우리는 예수 그리스도 안에 나타난 하나님의 계시를 올바르게 말할 수 있다.

만약 우리가 계시와 역사의 밀접한 상호연관성을 인식한다면, 그리고 우리가 보편사와 구체적으로 연관시켜 그리스도 계시를 보려 한다면, 우리는 우리 자신이 매순간 당면하는 역사적 상황에서 어떤 단절도 없이 그리스도인으로서 살고 행동할 수 있다. 또한 그리스도 계시에서 우리의 역사적 상황의 구체적인 요구들과 결단들이 중심주제가 된다면, 우리는 다른 체계에 관심을 둘 필요도 없다. 오늘날 그리스도교 윤리의 어려움은 이것이다. 우리는 두 개의 전적으로 다른 영역에서 움직여야만 하고 어떤 행동을 하기 위해서는 그리스도교 신앙의 영역에서 구체적인 상황의 영역으로 건너뛰어야만 한다. 이와 마찬가지로 역으로 신앙에 이르기 위해서는 소위 자연적인 현실경험에서 뛰쳐나와야만 한다. 하지만 만약 계시와 역사의 내적인 상호연관성을 이해한다면, 이런 건너뜀의 동기는 사라진다. 근대 역사에서 오늘날 우리 자신의 행위상황이 성장해 온 것인데, 이 근대 역사도 하나님의 계시에 포괄된다.

하지만 근대 역사가 그 자체로 하나님의 계시는 아니다. 우리는 역사에 참여하는 곳 어디서나 인간이 계시를 만나게 된다는 식으로 계시와 역사의 상호연관성을 이해해서는 결코 안 된다. 성서적 하나님의 신성의 계시는 물론 역사의 전체와 연관되어 있다. 하지만 하나님의 계시는 역사의 전체를 통해서만 자신을 증명한다. 따라서 이것은 모든 임의적 사건에서 동일하게 그렇게 되는 것이 아니라, 우리가 이미 보았듯이 종말로부터만 그렇게 된다. 왜냐하면 종말로 인해 그리고 그로부터 역사는 전체가 되기 때문이다. 우리에게 종말은 여전히 아직 일어나지 않았기 때문에, 우리에게 역사는 진정 전체가 될 수 있는가 하는 물음은 의미가 있다.

우리 그리스도인들은 다만 예수 그리스도 안에 모든 사건의 종말이 이미 앞당겨 일어났고, 따라서 궁극적인 것도 이미 앞당겨 일어났기 때문에 이러한 질문에 긍정적으로 답할 수 있다. 우리에게 아직 열려 있는, 우리가 참여해야 하는 그 미래가 그분에게서 이미 나타났다. 이처럼 예수의 역사에 나타난 종말의 성격은 그 역사의 특별함이다. 따라서 이러한 특별한 사건은 나머지 아직 완결되지 않은 역사를 하나의 전체로 만든다. 역사는 그 자체로 그런 것이 아니라 다만 예수로부터 나와 예수를 향함으로써 시기들과 역사의 모든 개별적인 사건들이 하나님의 계시에 참여한다. 바로 이 점에서 역사는 하나님의 신성을 증명하는데 기여한다.

그러므로 예수가 이미 일어난 모든 역사의 종말이라면, 그리고 이처럼 발생한 사건이 여기서 전체성, 곧 보편사로 결합된다면, 우리는 그 안에서 모든 역사가 예수 그리스도로부터 존립하게 된다는 사실이 드러나게 되는 그 빛에 대해 질문한다. 특히 근대의 역사가 어떤 빛 속에서 예수 그리스도로부터 존립하게 되는지를 우리는 묻는다. 이렇게 질문함으로써, 우리는 하나님 역사의 전체성 안에서 우리 행위의 자리를 발견하고자 한다. 이때, 우리는 물론 근대 그 자체만을 주목할 수는 없다. 우리는 예수로부터 시작된 그리스도교 역사의 맥락에서 근대를 보아야만 한다. 다만 그럴 때, 예수 그리스도 자신과 연결된 근대의 역사적 맥락이 우리의 시야에 들어온다.

여기서 나는 아주 조금만 윤곽을 제시하려고 한다. 고대 후기와 중세의 그리스도교 역사에 대한 풍성한 언급은 지금 우리의 과제가 아니다. 근본적인 관점만 언급해서 이것을 교회와 정치, 정신적 삶에 적용하는 것만으로도 충분하다.

보편성과 잠정성

기본 관점은 보편성과 잠정성의 내적 결합이다. 그리스도인의 삶이 예수 그리스도를 하나님의 계시로 고백함으로써 형성된다는 점에서, 이 내적 결합은 그리스도교적 삶을 형성하는 특징이다. 보편성은 모든 사람과 모든 시대가 한 분 하나님의 계시를 증언함으로써 유효하게 된다. 이 계시는 모든 사람의 승인을 목표로 하며 현실 모든 영역의 삶을 겨냥한다. 하지만 그리스도 계시의 이러한 보편성은 그리스도인의 삶에서 언제나 잠정적인 형태를 취할 뿐이다. 창조세계의 궁극적 운명, 곧 죽음에서의 삶이 예수에겐 죽음으로부터의 부활을 통해 이미 드러났지만, 우리에겐 아직 나타나지 않았다. 그러므로 개별적으로 그리고 공동체 안에서 우리가 서로 행하는 모든 것은 다만 잠정적인 의미를 가질 수 있을 뿐이다.

그리스도교적 삶의 형성[02]은 필요하다. 왜냐하면 예수 그리스도 안에 계시된 하나님은 우리의 삶과 세계를 자신의 소유물로 선언하신 창조주이기 때문이다. 하지만 창조세계 자체가 아직 종결되지 않았기 때문에 그리스도교적 삶의 형성은 언제나 다시 새롭게 되어야 한다. 고유한 잠정성을 망각하는 것이야말로 그리스도교적 삶의 형성에 지속적인 위험이다. 하지만 이런 잠정성 때문에, 국가 기관과는 별도로 그리스도인에 의해 형성된 사회 안에서도 교회가 존속해야 하는 이유가 분명해진다. 교회는 미래적 구원을 회상시키며, 그리스도인은 모든 현재적 실현을 넘어 그 구원을 향해 살아간다. 하지만 교회도 그 삶의 형식이 지니는 잠정성을 오

02 Christliche Lebensgestaltung. 곧 그리스도교인이 어떻게 살아야 하며, 어떤 공동체를 이뤄야 하는지를 뜻한다.

해해서, 그 자신을 구원의 소유자로, 하나님 나라의 발원지로 생각할 수도 있다. 교회는 그의 오심을 지시하는 하나님 나라의 전초기지일 뿐이다.

이와 함께 우리의 기본 관점을 적용해 보려고 한다. 첫째, 우리는 정신사적 관점에 주목하고자 한다. 그리스도교적 복음의 보편성과 성서적 하나님의 보편성으로 인해, 고대 교회는 자신의 방식대로 보편적 그리스적 사유, 특히 그리스 철학을 수용했다. 이는 매우 다양한 방식으로 일어날 수 있었다. 이에 대해서는 여기서 언급하지 않겠다. 다만 그리스도교 안에서 그리스적 사유가 철저히 변형되어야만 했다는 사실만 언급하겠다. 그리스적 사유는 그 자체로는 자신의 고유한 역사성과 잠정성을 몰랐으며, 이와는 반대로 항구적이며 무시간적인 참됨을 포착하고자 애썼다. 하지만 그리스적 유산을 그리스도교적으로 변형시키는 일은 항상 잠정적으로만 성공적이었고, 오늘날까지도 종결되진 않았다.

둘째, 그리스도 계시의 보편성은 공법 생활과 밀접한 관계를 맺는다. 구약성서의 하나님은 아주 특별한 방식으로 공의의 하나님이었으며, 이스라엘이 기대하고 예수께서 선포했던 하나님 나라도 우선적으로는 인류 전체에 궁극적으로 공의를 세우는 것이다. 따라서 그리스도교는 자신이 살아야 할 정치적 공동체와 공의의 공동체에 관심이 없을 수 없으며 거기에 참여하지 않을 수 없다. 콘스탄티누스 이후 그리스도교 제국에서는 그리스도교의 지도 아래 그 의도대로 거주 지역에 보편적 정치적 공동체가 발생할 수 있었다. 앞서 암시했던 것과의 연관성에서 보면, 이러한 일은 본질적으로 사태에 적합한 것으로 판단된다. 그리스도교 신앙은 세상과 무관한 종교가 아니다. 물론 로마제국이라는 토대에서 그리스도교 제국으로 보편적 정치적 공동체를 실현했던 그 방식은 유효하지만 철저히 그 시대에 한정된 것이며 영구불변하는 것은 아니다. 그리스도교적 삶의 형성이 지니는 잠정성을 오인함으로써 이러한 정치적 영역에서 아주 특별한 위험이 드러내고, 제한적으로 사실상 콘스탄티누스적 양가성이 드러낸다.

셋째, 잠정적인 그리스도교적인 세계형성과 비교할 때, 교회는 예수 그리스도로부터 하나님의 미래를 희망하는 공동체로서 존립한다. 교회는 그 본질상 보편적이다. 한 분 하나님의 교회와 그의 계시자의 교회만이 우리 개신교인들도 사도신경에서 고백하는 대로, 하나의 유일한 일반적인 공(公)교회[03]일 수 있다.

교회의 이런 단일성은 다양한 형태로 표현되어 왔다. 이 단일성은 서양에서는 점차적으로 일치성의 정점인 로마가톨릭의 수위권[04]에서 발견되었고, 이러한 발전은 동방의 그리스도교에서도 명예수위권의 의미에서 어느 정도 인정되었다. 물론 단일성을 미리 앞서서 잘못된 것으로 거부해서는 안 된다. 하지만 교황권은 비슷한 것들 중 최고(primus inter pares)의 지위를 넘어 점차적으로 교회 내에서 유일한 절대적 군주제와 같은 것으로 치달았다. 어떤 시기에는 교회와 국가정치의 목적과 방식이 다르다는 점을 소홀히 했던 것

---

03 여기서 '공교회'는 katholische Kirche의 번역으로 보편적인 그리스도교회를 의미한다.
04 로마가톨릭 교황이 전체 그리스도교의 수장임을 뜻하는 표현이다.

처럼, 여기서는 교회적 삶의 형성에서 염두에 둬야 할 잠정성이 다시 소홀히 여겨졌다.

이러한 점을 고려하면서 우리는 적어도 암시적으로나마 근대 역사에 관한 신학적 성찰에 있어 가장 필수적인 전제들을 알아보았다. 물론 근대 역사의 과정 자체를 서술하는 것이 우리의 과제일 수는 없다. 이러한 스케치는 이 강연의 경계를 훌쩍 넘어서게 될 것이다. 단일한 노선에 서 있을 수 없는, 상호 관련성 속에서 전체를 규정하는 많은 사건들을 근대 역사는 포괄하고 있다. 따라서 이 중에서 근대를 특징짓고 규정하는 몇 가지 관점들만 뽑아낼 수 있을 것이며 이러한 관점들은 하나의 개별적인 시기에만 의미를 지니는 것이 아니라 근대 역사의 과정에서도 지금까지 의미를 지니는 것들이다. 나는 민족적 사유의 성취와 변화들, 서구 그리스도교의 분열, 유럽 문화의 세속화, 자본주의와 산업화로 인한 세계의 변화, 민주 정치적 삶의 발전, 그리고 끝으로 여타 세계에 대한 유럽의 관계 변화들을 염두에 두고 있다.

민족적 사유

민족적 사유는 근대에서 그리스도교 제국의 옛 보편주의를 억압했다. 그리스도교 제국은 칼 대제와 그의 중세 독일 후계자들에 의해 완전히 변화된 서방의 역사적 전제들로 인해 변화되었다. 이로 인해 그리스도교 제국은 비록 정치적으로 매우 영향력이 있다고 해도, 정치적 현실성을 넘어서는 한갓 꿈에 불과한 것이 되었고, 그 권위는 유럽 전체에서 전혀 통용될 수 없었다. 내부적으로는 힘센 봉건영주들이 왕국에 관심을 보이면서 보편적 사유에 반기를 들었고, 경우에 따라서는 황제 자신이 왕국에 대해 특별한 관심을 보이기도 했다. 초기에는 외부적으로 그리고 변방에서 민족주의적 열망들이 충돌했다. 영국과 프랑스에서 일찍이 왕조체제가 민족주의적 감정과 결부된 것처럼 보였다. 프랑스에서는 민족주의적 감정은 1214년에 부뱅 전투 이후 불타올랐고, 백년전쟁이 있는 동안 오를레앙의 요한나(* 잔 다르크)는 민족주의의 상징이 되었다.

영국에서는 종교개혁 이후 하인리히 2세와 에드워드 1세의 통치 아래 이러한 발전이 일어났다. 민족주의 정서는 프랑스와 마찬가지로 이탈리아에서는 14세기에 르네상스와 더불어 일어났고, 이탈리아의 좁은 국경을 넘어 번져나갔다. 이는 민족 언어의 융성과 밀접한 연관이 있고, 페트라르카의 칸초네에서는 "나의 이탈리아"라는 웅변적인 표현이 발견된다.(Denis Hay, 『르네상스 시대 이탈리아의 역사』 1962년, 86쪽) 늦게 발전된 독일의 민족주의 정서와 종교개혁의 역할에 대해 언어는 역시 큰 의미를 지닌다. 독일에서 민족의식은 비교적 늦게 발전되었는데, 이는 독일인을 '야만인'이라고 불렀던 프랑스와 이탈리아의 경멸에 대한 반작용이 아닐 수 없었으며, 독일과 초(超)민족적[05] 제국 사이의 특별한 결합을 염두에 둔다면

05 초민족적(übernational)이란 개념은 민족주의의 이념이나 민족국가의 이상을 넘어섬

놀라운 일도 아니다. 민족주의적 사유의 발흥은 외부에서나, 또한 점차적으로 독일에서도 제국을 독일인의 민족적 관심사로 보게끔 만들었으며, 심지어 황제들 자신도 그렇게 생각했다. 사람들은 그리스도교의 또 다른 보편적 제도인 교황권은 르네상스 시대에 적잖게 이탈리아의 민족적 관심사였다고 말하고 싶어 한다.

중세중기의 다툼 이후 보편적 제도인 황제권과 교황권의 몰락은 그리스도교의 입장에서는 매우 불행한 일이었다. 왜냐하면 어쨌거나 정치권에서 보편적 사유를 억압했던 민족주의적 사유가 그리스도교 방식이 아닌 형태로 뿌리를 내렸기 때문이다. 30년 전쟁과 더불어 독일에서도 영향력을 잃게 된 제왕적 권력이 쇠락함으로써 진공 상태가 발생했다. 마찬가지로 그리스도교적 열방가족이라는 오래된 이념도 이러한 진공상태를 메울 순 없었다. 물론 그 사이에 발생한 종파적 대립 때문만이 아니라, 무엇보다도 민족주의 정서가 국가의 기본방침을 정치적 행위의 최상위 규칙으로 정당화시켰기 때문이다. 따라서 그리스도교는 정치적 행위의 궁극적 기준이 되기를 포기해야만 했다. 이미 프란츠 1세와 투르크인의 연맹으로 콘스탄티노플과 발칸은 정복되어 그리스도교는 더욱 움츠려들게 되었고, 이는 카를 5세에 대항하는 새로운 상황을 시사했다.

민족주의 이념의 고양이 유럽 민족들에게 축복이 되지는 않았다. 지금부터 헤게모니 경쟁 또는 균형을 잡기 위한 경쟁으로 유

을 뜻한다.

럽은 긴장 속에 빠져들었다. 하지만 프랑스 혁명과 더불어 민족국가에 대한 생각이 제후들의 통치에 반하여 국민의 주권을 내세움으로써 새로운 색깔을 얻게 된 것을 변경시키지는 못했다. 이때부터 드디어 근대적 민족주의가 탄생했다. 우선적으로는 혁명전쟁을 일으킨 프랑스에서 시작되었다. 나폴레옹 전쟁을 통해 근대적 민족주의는 또한 다른 민족들에게도 그러한 열정을 일깨웠다. 1848년 혁명[06]을 통한 민족주의적 자유주의는, 민족국가의 형성으로 인해 지금까지 제후들에 의해 환영받지 못한 전쟁을 치러야만 했던 민족들 간에 평화가 확립될 것이라는 희망을 갖고 있었다. 하지만 이후 시대는, 군주제와 공화제 사이의 차이도 민족들 간의 평화에는 그렇게 큰 변화를 가져오지 못했으며, 대중의 민족주의적 열망이 오히려 제후 집안의 공명심보다 더 살인적일 수 있음을 보여주었다.

특히 독일인들은 민족주의적 이념들로 인해 더 끔찍한 경험들을 하게 되었다. 따라서 오늘날 우리는 이런 이념들에서 벗어나는 일이 다른 이들보다 더 쉬울지도 모른다. 독일의 역사는 아주 오랫동안 민족주의적 사유에서 벗어나 있었고, 특히 보편적인 황제권과 왕조 형태의 소(小)국가라는 특징을 띠고 있었다. 독일의 민족국가 형성의 어려움을 1848년 프랑크푸르트 국회가 이미 경험했는데, 거대한 독일과 작은 독일 사이의 결정을 두고 혼선을 겪었

06 공화주의를 갈망하는 혁명이 1848년 2월 프랑스에서 일어나 성공을 거두고 그 여파로 유럽 곳곳에 혁명이 일어난다. 1848년은 혁명의 해로 불린다.

다. 비스마르크 제국은 민족적 관심과 프로이센의 관심 사이에서 완전한 타협을 이뤘다. 예전에 가장 의미심장했던 민족국가들과 쉽사리 경쟁하려는 노력과 자국의 민족적 능력에 대한 안일한 신뢰가 독일을 고립시켜 제1차 세계대전을 일으키게 했다. 베르사유 평화조약이 촉발시켰던 민족적 보복심은 거대한 위기와 연결되어 히틀러의 등극을 가져왔고, 제3제국에서 독일 민족주의를 부흥케 했으며 제2차 세계대전에서 패망에 이르게 했다. 만약 우리가 민족주의 열기에 조금 덜 휩싸였다면, 아마도 독일은 민족국가로 존속할 수 있었을지도 모른다. 하지만 우리는 민족주의의 제단에 너무 많은 제물을 바쳤으며, 그 때문에 우리는 이러한 행위의 결과로 민족국가의 해산을 받아들여야만 했다.

이러한 상황에서 1937년의 국경선에 대한 국가적 요구는 약간은 염치없는 행위이며, 기껏해야 엘베강 너머에 있는 독일인 공동체 정도는 다만 초민족적 결속의 차원에서 되찾을 수 있을지 모른다. 이 모든 것으로 보아 분명한 것은 민족주의적 사유를 결정적인 정치적 잣대로 삼아서는 안 된다는 사실이다. 오늘날의 과제는 초민족적인 공동체의 형성과 확립이며, 이를 통해 민족적 특성은 단지 하위 단위의 요소로 계속 존속하게 될 것이다. 이것은 이미 서유럽의 특징이 되었다. 민족의 후퇴는 세계기구의 토대에서만이 아니라, 공동 역사의 좁은 범위에서도 이미 나타나는 의미 있는 사건이기에, 왜 오래전부터 이런 일이 일어나지 않았는지 묻게 된다. 유럽의 결속은 분명 외부를 향해, 즉 아메리카의 민족들이나 동유럽의 민족들에게 개방되어 있어야만 한다. 오늘날 전망하듯이 언젠가 동유럽에 대한 골이 더는 깊어지지 않게 되고, 기나긴 공동 역사의 비중도 서유럽에 비해 러시아나 발칸국가에서 더 힘을 받게 될지도 모른다. 정치권의 최전방에서도 이를 희망하고 있다. 독일의 동쪽 이웃들에 대해 민족주의 사고로부터 돌아서는 것만이 대립적인 태도를 완화하고 지속적인 소통에 이르는 길임은 분명하다. 그리스도교적 보편주의는 중세 황제권의 종말과 더불어 쇠퇴하였고 민족주의적 왕조적 사유로 인해 억압되었다. 하지만 초민족적 사유로 확실히 전환함으로써 그리스도교적 보편주의의 전통은 새로운 영향력을 발휘할 수 있다.

서구의 교회분열

근대 역사의 두 번째 양상은 서구의 교회분열로서, 유럽 민족의 모든 삶의 영역에서 근본적인 변화를 가져왔다. 보편적 제국과 보편적 교회는 중세에 경쟁상대였을 뿐 아니라 상호결합되어 있었다. 종종 언급되었듯이 호헨슈타우엔 왕가에 대한 교황의 승리는 또한 교황권의 몰락으로 이어졌다. 그리고 민족적 관심에 의존하는 시대가 이어졌다. 우선 프랑스에서 그랬고, 그후 이탈리아 정치에서 그랬다. 이러한 관심은 교황청에서 볼 땐 황제에 의한 그리스도교 보편주의보다 훨씬 더 낯선 것이었다. 또한 종교개혁 시대에 공의회 측도 민족성의 원리에 사로잡혀 있었기 때문에 교황권의 독립성은 다만 교황청 중심주의에 의해서만 가능한 것처럼 보였다. 이때 교황들은 자신을 더는 제후로 느끼지 않고 그리스도교권의 첫 번째 주교라고 생각했다. 종교개혁은 이런 형태의 교황중심주의와 부딪혔다.

종교개혁은 갑작스럽게 일어난 것이 아니라, 로마가톨릭으로부터 벗어나 개혁하고자 하는 루터의 열망과 그의 불굴의 확신으로 인해 서서히 일어난다. 루터가 지닌 불굴의 확신은 교회의 직제를 통한 해석보다 성서의 권위가 더 우위에 있다는 중세 후기의 견해로 인해 가능케 된 것이다. 어쨌든 이로 인해 루터의 등장은 설득력을 갖게 되었다. 설득력이 없었다면 루터의 개혁적 방향은 지속될 수 없었다. 마찬가지로 반대자들의 직접적 공격으로부터 루터를 보호할 수 있었던 16세기의 국경법이 없었다면 종교개혁은 불가능했을 것이다. 또한 카를 5세의 전쟁 참여, 독일과 다른 지역의 반로마적 분위기도 이와 관련된다.

루터는 공적 교회의 형태와 관례가 지니는 잠정성을 기억했다기보다는 현존하는 교회의 폭력에 대해 저항했다. 루터가 초창기에는 회개와 면죄부 문제를 제기했지만, 나중엔 자신의 교회 조직을 설립하기에 이르게 되었는데, 이러한 순간에도 기존의 교회에 참된 가톨릭적 너비는 결여되어 있었다.[07] 따라서 그는 원래 원했던 것보다 훨씬 멀리 갈 수밖에 없었다. 만약 이러한 점차적으로, 몇몇 우연에 의해 사건이 진척된 것을 본다면, 우리는 프로테스탄트

---

07 '가톨릭적'(katholisch)이란 그리스도교의 한 종파를 지시하기보다는 보편적이라는 원의도 함께 지시한다.

를 가톨릭과는 다른 또 하나의 종교로 대립시킬 수는 없다. 예컨대 가톨릭의 성례전 영성에 대립되는 양심의 종교로 생각할 수는 없다. 하지만 이러한 대조는 머지 않아 이뤄졌고 분열은 정당화되었다. 이는 그 자체로 불행이었으며, 동방교회와 서방교회의 분열만큼이나 결정적이었다.

하나의 단일한 교회라고 하는 교회의 본질로부터 생각하면, 이러한 분열을 그저 편안하게 생각하는 것은 불가능하다. 우리가 그 상황에서 루터의 권리에 설득된다고 하더라도 우리는 그의 상황을 넘어가도록 모든 노력을 다해야만 한다. 마음 아픈 일은, 그동안 많은 변화가 있었고 상호이해를 통해 주목할 만한 성숙을 이루었음에도, 이러한 상황은 여전히 교황권의 자기이해 속에서도 오늘날까지 지속되고 있다는 사실이다.[08]

고대교회에서 그랬던 것처럼 그리스도교 주교들 중에서 교황이 가지는 명예수위권이 전적으로 부정될 필요는 없을 것이다. 하지만 군주정치적인 중앙집권적 교황권은 부정되어야 한다. 이것은 교회의 개혁 가능성을 배제하는 것처럼 보인다. 교황권에 관한 이러한 이해는 예수 그리스도의 궁극적 미래에 대해 모든 교회적 삶의 형태와 교의에 관한 표현들이 지니는 잠정성을 오인했기 때문이다. 우리는 이것이 가톨릭교회 자체의 참된 모습은 아닐 것이라고 희망해야 한다. 또한 자신의 형태가 지니는 잠정성에 대한 겸

08 루터교와 로마가톨릭 교회의 일치운동은 60년대 후반부터 시작하여 1999년 '칭의 교리에 관한 공동선언'에서 절정에 이르렀다.

허한 통찰이 가톨릭교회에 살아있고 활동하기를 희망해야 한다. 그때 점차적으로 어쩌면 느슨한 협력이 가능해질지 모른다.

지금 이미 세계교회협의회 안에서, 서로 다른 교회들 사이에 현존하는 차이점이 있지만 점점 더 서로를 인정하는 일이 일어나고 있다. 그리스도교는 근대사회의 다원주의에 올바르게 대처하기 위해 자신의 고유한 노선에서 이와 더불어 사는 법을 배워야만 한다. 오직 이런 불확실하고 힘겨운 길에서만 오늘날 그리스도인의 일치성이 어쩌면 새로운 모습을 갖출 수 있다.

이런 길이 반드시 필요할수록 우리는 교회분열에 잠잠히 머물러 있을 수는 없으며, 근대 역사의 아래와 같은 귀결들을 되돌아보게 된다. 카를 5세 치하에서 황제권의 마지막 부흥은 성공적이지 못했다. 종파의 대립은 종파 간의 전쟁으로 이어졌다. 프랑스와 독일에서는 특히 치명적인 결과를 가져왔다. 이런 시대의 말기에 사람들은 종파 간의 대립에 지쳐버렸고, 이러한 상황은 교회적 그리스도교의 소외를 가져왔다. 종파의 대립은 사람들의 의식 속에 교회를 통해 선포되던 그리스도교 복음 자체의 상대화를 가져왔다. 이제 하나의 형태의 그리스도교가 아니라 이제 점점 더 많이 이런저런 다른 형태들이 생겨났다. 물론 이로 인해 특히 선교의 영역에선 효과가 떨어졌다. 우리가 한순간이라도 그리스도교의 균열이 없었던 시기와 근대에서 유럽이 누렸던 세상에서의 지도적 위치를 생각한다면, 선교의 과제가 교회분열 때문에 얼마나 어려워졌는지를 짐작할 수 있다. 그렇지만 이만큼이나 선교사역이 성공한 것은 놀라운 일이다. 하지만 옛 그리스도교 지역의 안팎에서 그리스도교 신앙에 대해 새로운 활동적인 적대자들이 무성해졌다. 그리스도교가 일치되지 못한다면 이들과의 논쟁에서 이기지 못할 것이다.

유럽 문화의 세속화

근대 역사의 세 가지 관점을 나는 강조하고자 하는데, 여기서는 아주 간략하게 소개할 것이다. 우선 유럽 문화의 세속화이다. 교회분열이 유일한 뿌리는 아니지만, 이것과 결부되어 있음을 이미 언급했다. 또한 민족 고유의 생활이 증가함으로써 세상적인 문화의 발전이 촉진되었다. 근대를 중세와 특징적으로 구분 짓는 이러한 과정은 양면성을 가지고 있다. 이러한 과정이 무조건적으로 탈그리스도교화(Entchristlichung)를 의미하지 않으며, 오히려 우선적으로 다만 현실에 적합한 삶의 형성을 의미하는데, 그것의 뿌리는 어쨌든 그리스도교의 창조신앙에 있으며, 인간이 이 땅의 통치를 위임받았다는데 있다.

르네상스의 자연주의와 탈속의 옛 이상에 반대하며 이 세계에서의 적극적 삶(vita activa)에 대한 이들의 옹호(Denis Hay, 190쪽 이하)가 전체적으로는 그리스도교와 아주 멀리 동떨어진 것처럼 보이진 않는다. 물론 이전 세기에도 사람들은 그렇게 믿고 있었다. 적극적 삶에 대한 강조는 종교개혁가들의 직업윤리에서 그 짝을 발견할 수 있었다. 자연주의는 17세기에 비역사적 사고로 전환되면서부터 그리스도교와 불가피하게 거리를 두었다. 이러한 전환의 전제조건은 이미 중세 전성기의 그리스도교 사유에서 준비되었다. 다시 말하면 13세기 스콜라 사상에서 자연적인 것과 초자연적인 것이 구분되어 있었다. 만약 고유하게 그리스도교적인 것이 초자연적인 것의 영역에 집중한다면, 이때 자연적인 것에는 더 넓은 독자적인 길이 열려 있는 것처럼 보인다.

자연과 초자연의 이러한 구분에는 근원적으로 신학과 아리스토텔레스 철학의 침투 사이의 타협이 드러나 있다. 그리스도교 정신과 아주 가까이 왔던 근대적 사유의 단초들, 예컨대 자연과학에서 볼 수 있었던 사상의 단초들도 이러한 구분을 개선하는데 활용되지 못했다. 오히려 이것들은 교회에서 승낙을 받은 아리스토텔레스주의에 반기를 들어야만 했다. 30년 전쟁 이후, 사람들은 진정 어디서나 종파의 경계를 넘어 자연적인 것의 영역에서 서로 소통했다. 여기서 시작되어 그리스도교적인 것과 거리를 두고, 역사적으로 형성된 것과 거리를 두게 됨으로써, 이미 종파의 대립 속에서 치명적인 결과를 가져왔던 것처럼, 다시금 신앙분열이 일어난 것은 당연한 일이다. 탈그리스도교화의 과정은 어쩌면 되돌릴 수 있지만, 그 이전에 시작된 세속화는 결코 되돌릴 수 없다.

근대적 사유와 근대적 삶의 새로운 세상성[09]은 오히려 그것의 그리스도교적 뿌리에서 인식되어야만 한다. 이렇게 함으로써만 탈

09 판넨베르크에게서 세상성(Weltlichkeit)은 세속화(Verweltlichung)와 그렇게 구분되지 않는다. 세속화는 단순히 부정적인 의미를 갖지 않으며, 세상성에 대한 긍정으로 이해될 수 있고 그 뿌리는 그리스도교의 창조신앙에서 찾을 수 있다.

그리스도교화를 저지할 수 있는 전망이 나온다. 세상성은 잠정적인 체류로서 최종적인 말을 가질 수는 없을 것이다. 하지만 창조신앙의 보편성은 세상성의 긍정을 요구한다. 만약 우리가 세상 속에서 삶의 잠정성을 감지하기만 한다면, 잠정성의 영역인 세계는 우리 상황에 적합한 장소임에 틀림없다.

자본주의가 산업사회로 발전함

여기서는 산업사회로 이어진 자본주의의 근대적 발전을 곁눈질로 살펴보고자 한다. 여기서 다룰 주제는 근대 역사에 끼친 그 파급효과가 아직 한 번도 가시화되지 못했던 주제다. 게다가 신학논문에서 취급하기에는 매우 어려운 주제다. 교회는 풍요로움에 관한 전통적인 비판과 이자 금지를 통해 자본주의의 시작을 가로막았다. 세속화의 흐름 속에서 풍요로움은 르네상스에 의해 덕스러움의 연습을 위한 기회로서 옹호되었다.(Denis Hay, 110쪽 이하) 경제적 성공을 그리스도교적 직업의식의 표현으로 이해할 때, 프로테스탄트 윤리는 자본주의 정신의 발흥에 본질적인 기여를 할 수 있었다.

산업자본주의가 전체 사회의 구조를 변화시켰다는 사실은 18세기 말 이전까지는 거의 인지되지 못했다. 하지만 이와 함께 자본주의 경제와 연관된 개인적인 형태가 문제시되어야만 했다. 산업화는 개인적인 일도 또한 전체 사회의 관심사로, 정치적인 일로 만들어버렸다. 19세기 초반 이래로 도처에서 이런 일이 일어났다. 이러한 발전으로 인해 소유의 형태가 사적인 것이든, 공적인 것이든, 그 차이가 거의 두드러지지 않았다. 오히려 산업사회 조직의 가장 큰 문제는 정치적 문제들이었고, 그 문제들을 그 자체로 방치해 둘 것이 아니라 전체 사회가 책임져야 한다는 사실이 결정적인 것으로 보인다. 이러한 관점은 본래적으로 프로테스탄트적 직업윤리가 개별 직업의 도움을 받는 공동체의 복리와 관계된다는 점에 상응한다. 근대에는 의회민주주의의 토대가 형성되었는데, 이것은 매순간 임시적으로 통제되어야 할 이해조정이라는 정치적 과제를 위한 것이었다.

의회 민주주의

우리는 여기서 또 다른 측면을 살펴보고자 한다. 민주적인 국가 형태를 제대로 파악하기 위해서는 영국의 의회 제도의 역사적 뿌리를 살펴보아야 한다. 민주주의 원칙에 대해서도 아주 약간의 비판이 가해질 수 있다. 역사적 성장과정에서 중요한 질문은 민주주의 기관들이 어떤 일을 행했는가 하는 것이다. 16세기 투더 왕조시대에 영국 하원의 확장을 통해 정부가 성장했다. 정부에 대해 국민들이 짊어진 공동책임은 놀라운 공법 제정이었다. 이것이 민주주의로 연이어 발전될 수 있었던 것에는 그리스도교적이며 스토아적인 동기가 섞여 있었다. 민주주의의 스토아적인 유산인 평등[10]과 국민주권의 원리들은 이미 1215년 대헌장(Magna Carta)에 기록되어 있었는데 후에 이를 확인할 수 있었다. 하지만 여기에는 특히 다수결의 원칙에 표현되어 있는 위험들이 숨어있다. 사실 인간은 판단력에서나 사회적 기능에서 같지 않다. 올바른 일은 드물지 않게 오직 소수자에 의해서 발견되고 포착되기에, 경우에 따라서는 다수결의 원칙에 반하여 시행되어야만 한다. 그리스도교적인 유럽에서 군주적인 정부형태가 보여줬던 모질고 고된 삶은 그리스도교적 전승, 특히 인간의 죄성에 대한 지식의 관점에서 이해될 수 있다.

18세기에 사람의 마음을 사로잡은 민주주의 이념은 오늘날까지도 미완성의 문제적 상태로 남아있다. 스토아적 요소들 중 특히 추상적인 평등사상의 지배적인 영향력이 인간사회의 이상적 상태에 관한 무역사적이며 기계적인 이해와 연관되어 있는 것은 우연한 일이 아니다. 하지만 실제 결과로 볼 때, 민주적 제도들은 이해조정의 도구로서 그 가치를 입증했다. 이것 없이는 우리는 근대사회를 더는 상상할 수도 없다. 게다가 오늘날 민주주의만 유일하게 평화적인 방식으로 정부를 형성할 수 있는 듯하다. 민주사회 질서의 장점은 오늘날 일차적으로 그 실용적 성격에 있다고 하더라도, 민주주의 이념의 전통은 스토아적이며 자연법적인 요소에 비하면 훨씬 큰 영향을 끼쳤어야만 했던 그리스도교적 단초들로 인해 결

---

10 여기서 평등으로 번역된 독일어 Gleiheit는 문자적으로는 동일성을 뜻하기도 해서 동일성으로 번역하기도 하였다. 실제로 판넨베르크는 하나님 앞에서 모든 인간이 갖는 존엄성의 의미에서 평등을 긍정하면서도 개인이 가지고 있는 능력과 자질의 동일성이라는 의미에서의 추상적인 평등 개념을 비판한다.

실있게 성장해 나갈 수 있다.

이때 자유는 개인주의적인 자의가 아니라 내용적으로 인권의 의미에서 이해될 수 있었고 이와 긴밀한 연관성 속에서 평등은 하나님 앞에서 모든 개인이 가지게 되는 동등한 존엄성으로 이해될 수 있었다. 하지만 제거될 수 없으며 자연적 제한 속에 있는 불평등들은 간과되어서는 안 되며 오히려 사회적 역할 차이를 형성하게 되며 서로 보충적으로 자리매김 되어야 한다.

평등이 사회적 관계들을 형성하는 구성원리가 아니라 사회적 관계들의 집합으로 영향력을 갖기 위해서는 평등을 우선적으로 하나님 앞에서의 평등으로 이해하는 것이 중요하다. 전적인 동일성은 전혀 실현불가능하기 때문에 평등을 이렇게 오해하게 되면 평등은 항상 이데올로기적 성격을 갖게 된다. 게다가 인간관계에 있어서 완전한 평준화는 동등하지 않지만 서로 보완적인 파트너 사이에서 발생하는 사귐을 완전히 해소시켜 버린다. 민주주의 원리의 원천에 놓여 있는 그리스도교적 요소는 평준화의 경향에 비해 평등사상의 긍정적인 가능성을 형성하는 자유로운 활동성을 촉발시킨다는 점에서, 근대 역사의 역동성과 인간의 세계개방성에 걸맞게 정치조직이 사회 변화에 발맞출 수 있도록 한다는 점에서, 그리고 민족들을 동화시키고 민주사회를 초국가적인 기구들과 접속하도록 장기적인 역할을 해 왔다는 점에서 아마도 가장 중요하게 여겨질 것이다.

모든 권력행사에 대해 지속적인 제도적 제한과 통제를 시행하기 위한 노력들은 그것이 경제적인 방식이든 정치적인 방식이든 다수의 요구에 따라 이뤄지는데, 이런 사회의 민주적 질서는 현재 가능한 다른 모든 사회질서에 비하면 늘 잠정적이며 그래서 또한 항상 제한적으로만 유효하고 변화될 수 있는 삶의 형태에 더 가깝다. 이러한 삶의 형태는 이 세상에서 결코 종결될 수는 없는 종말론적인 인간 숙명의 빛에서 이해된다.

유럽과 그 외의 세계

마지막으로 우리는 유럽과 나머지 세계의 관계가 근대에 어떤 방식으로 형성되었는지에 눈을 돌리고자 한다. 사람들은 1500년 이후 시대를 서구 팽창의 시대라고 말한다. 이러한 팽창은 식민지 획득으로 발생하여 이와 함께 서구적 언어, 서구적 정치기구들과 문화기구들이 전 세계에 걸쳐 확장되었다. 식민지 시대의 긍정적인 성과들과 실수들 그리고 죄책들에 대해 신중한 판단을 내리는 일은 오늘날에도 여전히 매우 어렵다.

예전에 식민 지배 아래 있던 백성들의 민족주의는 사실상 착취와 폭압으로 어떤 일이 있었는지를 오늘날 폭로하고 있는 반면, 이런 민족들의 문명화를 위한 과제를 유럽인들은 주목하고 착수했던 것이다. 이때 그리스도교 선교는 정당하게 도움을 제공했다. 즉, 유럽에서 아프리카와 아시아로 온 것은 나름의 근거에서 다방면으로 하나의 전체로 수용되었고 사실상 대체로 그리스도교적 토대에서 성장했다. 식민통치 시절 문명화의 결과들은 어쩌면 오늘날 그 정점에 이르렀는데, 식민지화된 지역의 정치적 의존성이 완전히 종결된 곳이나 백인의 민족주의를 추종하는 가운데 그 성과들을 시간이 지날수록 자신의 것으로 삼고자 하는 곳에서 이런 현상이 일어난다.

유럽은 아시아와 아프리카에서 자신의 과제를 오랜 기간 아주 충분하게 수행하진 못했지만 양차 세계대전 이후에는 서둘러 종결해야만 했다. 이처럼 유럽이 급속하게 국제적 중요성을 잃음으로써 그 결과로 유럽의 민족주의적 자기해체가 일어났지만, 이는 직간접적으로 공산국가인 러시아의 성장과 국제적 상황에 대한 러시아의 영향 때문에 촉발된 것이다. 오늘날 눈에 띄는 것은 서구의 문명화 성과들이 그 정신적 토대들보다 훨씬 조심성 없이 수용되었다는 사실이다. 어쩌면 그렇게 하지 않았어야 했는지도 모른다.

이로 인해 유럽 외의 다른 민족들에게는 그들의 생활방식에 끼친 유럽적이고 아메리카적인 영향을 자신들의 전통과 연결시키는 것이 어려운 과제가 되어 버렸다. 그럼에도 인도의 힌두교 르네상스가 보여주는 것처럼 여기서 유럽적이고 그리스도교적인 사상과 동화(同化)가 일어난다. 우리는 여기서 교회의 고유한 선교사역보다 훨씬 더 인상적인 성공 사례로 손꼽히는 간접적이고 미숙한 형태의 선교를 도처에서 보게 된다. 하지만 어쩌면 이것은 교회의 고유한 선교사역을 위한 접촉점이 될 수도 있다. 이런 간접적 선교의 맥락에서 아시아와 아프리카에 널리 퍼진 마르크스주의도 눈여겨봐야 한다. 왜냐하면 마르크스주의는 다양한 측면에서 그리스도교 이단이기 때문이다. 물론 반(反)그리스도교적이기도 하다. 마르크스주의의 세속화된 미래희망은 언젠가는 몽환적인 특징을 드러낼 것이며, 그리스도교 복음이 전달해 줄 참된 미래희망에 대한 욕구를 남겨둘 것이다.

우리는 예수 그리스도 안에 나타난 하나님의 계시의 관점에서 유럽 민족에 놓여 있는 책임감을 보았고, 이런 점에서 아주 짧고 파편적이지만 유럽의 근대 역사에서 형성된 것들 중 몇 가지 측면을 살펴보았다. 그리스도의 복음이 유럽의 민족들과 이를 통해 또한 다른 민족들, 특히 아메리카 대륙의 사람들을 복음의 영역 안으로 끌어들인 이후로부터 이러한 책임감은 존속하게 되었다. 이 책임감은 우리가 이제 이것을 떠맡든지, 아니면 우리와는 거리가 먼 것으로 취급하든지 간에 그렇게 할 수 있는 것이 아니다. 왜냐하면 서구의 역사는 그 개별적 단계에서 역사의 주님이신 성서적 하나님의 역사로 이해될 수 있기 때문이다. 그리스도 복음이 전파된 곳에 있는 사람들은 이미 그리스도교 복음의 전승과 연관성 안에 있기 때문에, 그분은 다른 사람들보다 그들을 그의 도구로서 더 직접적이며 덜 감춰진 방식으로 사용하신다.

사람들이 그분께 암암리에 또는 공개적으로 반항하는 곳에서도 마찬가지다. 이런 일은 유럽의 근대 역사에서 아주 여러 측면에서 일어났다. 바로 이러한 반항에서 드러난 것은 하나님이 참여시킨 사람이 아니라, 궁극적으로 하나님 자신이 역사를 움직이신다는 사실이다. 이러한 사실은 행위자들에게 되돌아갈 심판에서 드러난다. 하지만 여기서 또한 나쁜 일과 부족함이 어떻게 선한 것으로 바뀔 수 있는지, 어떻게 민족적인 분열과 종파적 분열이 저런 다양성의 전망들을 생산하여 유럽의 근대정신사의 풍요로움을 이룩했는지가 드러난다. 또한 계몽주의가 어떻게 종파 간의 대립을 무마시키는데 기여했는지, 그리고 세속화된 문명이 마르크스주의와 결합되어 새로운 그리스도교적 세계선교의 길을 열어놓았는지가 드러난다. 하지만 물론 하나님은 이 세상에서 자신의 대리자와 조력자로 우리를 언제나 다시 사용하고자 하신다.

그분에 의해 우리는 역사 안에 서 있다. 이러한 역사의 관점에서 항상 다시 새롭게 추구해야만 하는 것은 역사적 행위의 잠정성을 의식하는 한편 이와 함께 보편적인 책임감을 가지고서 우리의 자리에서 이 역사적인 행위에 도달하기 위해 우리 자신의 상황에 대한 명료성을 확보하는 일이다.

민족과 인류

거의 60년 전에 '프리드리히 마이네케'(Friedrich Meinecke)는 "세계시민주의와 민족국가"라는 긴장 지대를 염두에 두고서 독일 정치의식의 발전을 서술했다.[01] 우리 세기가 재앙을 겪은 이후 이것은 오늘날 다시금 떠오르는 주제가 된 것 같다. 지난 수년 동안 민족주의적 사유는 다방면에서 이미 도태해 버렸지만, 이러한 생각은 오늘날 눈에 띄게 다시금 생기를 얻었다. 그리고 세계대전 이후 정치적 사유와 행위에 대해 유일하게 의미심장한 안내판 역할

01 민족국가는 Nationalstaat의 번역이다. 판넨베르크는 근대국가가 민족주의를 바탕으로 이뤄졌음을 주목하고 있기 때문에 이 장에서 특별한 사항이 없을 경우, Nation은 민족 또는 민족국가로 번역하였다.

을 했던 초민족적 기본이념은 이미 민족적 가치라는 이름 아래 제한되어 버렸다. 어쩌면 우리는 전후(戰後) 독일의 정치적 사유의 갈림길에 도달해 있다. 어떤 경우에서든 정치적으로 사유하는 모든 시민들은 정치적 행위의 민족적 이상(理想)과 초민족적인 이상에 대한 자신의 판단과 선(先)판단을 새롭게 점검할 필요가 있어 보인다.

그리스도교 전통은 자신의 유산에서 이러한 과제를 위해 어떤 기여할 수 있는가? 정말 그리스도교 신학이 이러한 질문에 기여하리라고 기대할 수 있을까? 여기서 문제의 핵심은 다름 아닌 고대교회 이래로 그리스도교 전승의 중심 주제와 밀접하게 연관되어 있는 어떤 질문이다. 나는 분명 그리스도교 전통에 대해 언급하고 있으며, 개신교나 가톨릭의 교리에 대해 말하진 않는데, 왜냐하면 내가 보기에 다른 신학적 질문과 마찬가지로 정치 윤리의 영역에서도 그리스도교의 전통적인 교파적 형태들을 협소하게 만드는 장벽들은 오늘날 극복되어야만 하기 때문이다.

성서의 근원적인 힘은 그리스도교의 다양한 역사와 전승 안에 역동하며 교회의 충만한 현재의 모습 안에 함축되어야만 한다. 따라서 나는 내 자신의 생각을 루터교의 두 왕국론(Zwei-Reiche-Lehre)의 관점에 제한하지 않는다. 두 왕국론은 이 세상과 교회 안에 있는 하나님의 두 가지 통치 방식에 관한 가르침으로 표시하는 것이 훨씬 낫다. 또한 자연법적인 숙고를 통해 독특하게 그리스도교적인 정치 윤리의 토대를 마련하는 것도 충분하진 않다. 이 두 가지 관찰방식으로는 그리스도교의 독특한 동기가 영향력 있게 작동하기 어렵다. 그리스도교의 정치 윤리는 하나님 나라의 기대, 즉 하나님의 다가오는 세계통치에 의해 각인되어야 한다. 하나님 나라를 지향하는 사유는 어떤 경우에든 구약성서가 희망하던 목표점과 예수가 전한 메시지의 중심점에 아주 가까이 다가서 있다.

하나님 나라의 사유와 연관해서 이미 고대교회에서 정치적 생활의 질서를 위해 민족적인 관점이 우선적인지, 초민족적 관점이 우선적인지가 논의되었다. 이것과 관련해서 나는 첫 번째 장을 시작한다. 그런 다음 두 번째 장에서는 고대교회와 중세교회의 하나님 나라 사유와 오늘날의 세계시민적 사유를 구분 짓는 변화된 상황을 평가할 것이다. 이러한 맥락에서 세계시민적 정서와 민주주의 정서의 관계에 깊이 들어가고자 한다. 더 정확히 말하면, 민주주의 이념의 초민족적이며 인간적인 의의를 언급할 것이다. 세 번째 부분에서는 하나님 나라의 윤리의 관점에서 특히 민족과 민족의식이라는 주제에 관심을 쏟고자 한다.

I

위대한 알렉산드리아 신학자 오리게네스(Origenes)가 로마제국에 대한 그리스도인들의 부정적 태도를 극복하고자 했을 때에도 로마제국에서 공식적으로 그리스도교를 박해하던 시대는 아직 끝나지 않았다. 오리게네스는 아우구스투스 황제 시대에 적그리스도의 화신을 더는 보려고 하지 않았으며, 볼 수도 없었다.

아우구스투스와 관련해서 그는 시편 72편의 메시야 구절을 연결하여 이렇게 말했다. “그의 날에 정의와 충만한 평화가 꽃 핀다.” 아우구스투스가 제국을 건립했을 때 오리게네스는 역사하는 신적 섭리의 통치를 발견했고, 그리스도교 신앙의 보편적 전파를 위한 지상적 전제가 마련되었다고 보면서 다음과 같이 말했다. “하나님은 자신의 가르침을 위해 민족들을 준비하셨고, 이들을 로마제국의 통치 아래 두셔서, 여러 공동체, 여러 민족들이 서로 아무런 연관 없이 지낸다는 변명을 못하게 하셨다.”

오리게네스가 이런 말로 응수했을 때, 그를 적대하던 이방인 철학자 켈수스는 그리스도교의 유일신론을 비난하며, 한 분 하나님의 섭리란 혼란일 뿐이라고 했다. 즉, 로마제국의 단결을 위해 주의와 돌봄이 요구되는 민족적 특수성이 이로 인해 파괴된다고 보았다. 이에 반하여 오리게네스는 민족적 특수성은 마지막 심판 날에, 하나님 나라가 태동할 때 어차피 사라질 것이라고 말했다. 하지만 아우구스투스의 정치적 업적이 민족적 균열을 이미 극복함으로써, 그의 정치적 업적은 그리스도교의 복음과 동일한 방향으로, 다시 말하면 모든 민족들을 함께 모을 하나님 나라를 위해 역사하고 있었다.

뒤이은 세기에 가이사라의 유세비우스(Euseb von Caesarea)는 콘스탄티누스적 전환[02]이 있던 시기의 동시대인으로서 오리게네스의

---

02 콘스탄티누스는 밀비우스 전투에서 정적을 물리치고 313년 밀라노 칙령을 통해 그리스도교를 종교로 승인한다(religio licita). ‘콘스탄티누스적 전환’이란 그동안 박해받던 그리스도교를 종교로 승인함으로써, 그리스도교가 박해받는 종교에서 제국의 종교로 전환하게 됨을 의미한다.

생각을 계승해 나갔다. 그는 누가복음(눅 2:1)과 연결해서 그리스도의 나타남과 아우구스투스에 의한 제국 설립이 동일한 시대에 일어났다는 사실에서 신적 섭리가 시행되었음을 보았다. 그는 "주님이며 구원자가 나타났고, 그의 오심과 동시에 아우구스투스가 민족들을 통치하는 로마인의 일인자로서 주가 되었을 때, 다수에 의한 통치는 사라졌고 평화가 온 세상에 깃들었다." 오리게네스와 마찬가지로 유세비우스에게 민족적 균열의 극복과 다신론의 극복은 서로 결합되어 있다. 이로 인해 유세비우스는 콘스탄티누스를 아우구스투스로부터 시작된 행적의 완성자로 볼 수 있었다. 물론 콘스탄티누스는 아우구스투스의 제국을 쇄신했을 뿐 아니라 제국의 정치적 통일성을 그리스도교 하나님의 유일성과 결합시키지 않았던가.

콘스탄티누스와 그의 후계자들의 정치적 보편제국을 보편적인 그리스도교의 복음과 신학적으로 결합시키는 일은 종종 비판받곤 했다. 예언자들이 하나님 나라로서 선포하고 약속했던 평화의 왕국과 로마의 세속적인 제국을 연결시키는 일은 금방 흥미를 잃게 되었다. 하지만 구약성서에서 모든 민족에 대한 '하나님의 다가오는 평화통치'에 관한 약속은 결정적인 정치적 의미를 지녔음을 기억할 필요가 있다. 약속된 하나님 나라로부터 사람들은 정치적 질서의 성취와 완성, 그리고 인간관계에서 법질서의 성취와 완성을 기대했다. 하나님 나라에서 인류의 공생은 진정 인간적인 형태를 가질 것이다. 다가오는 하나님 나라의 희망은 이런 근원적이며 정치적인 특성을 잃어서는 안 된다. 그렇지 않으면 이 희망은 공허하고 인간의 구체적인 처신과는 무관하게 될 것이다. 오히려 그 반대로 하나님 나라의 희망이 지닌 정치적 의미가 사람들에게 떠오르게 되었을 때, 바로 그때, 그리스도교의 복음으로부터 항상 하나의 정치적인 움직임도 시작되었다.

물론 하나님 나라는 예수께서 말씀하셨듯이 "이 세상에 속한 것"(요 18:36)은 아니다. 하지만 하나님 나라는 이 세상의 미래이며, 그리스도인은 이미 현존하는 세상을 자신에게 약속하신 미래의 빛에서 보며, 또한 다름 아닌 정치적 영역에서 이러한 희망의 잠정적 표시를 기대하고, 이러한 희망의 잠정적 현실화를 추구할 이유가 있다. 미래의 다가오는 하나님 나라가 이미 지금 현재를 결정한다는 것이 분명 예수의 본래적인 메시지였다. 하나님 나라의 희망이 지닌 근원적인 정치적 특성과 관련해서 이것은 그리스도인의 개인사뿐 아니라 정치적 생활에도 유효하다. 또한 정치적 삶에는 무엇보다도 보편적인 평화질서와 보편적인 정치 질서에 대한 물음이 핵심적인 사안이 될 것이다. 이것의 궁극적 현실화야말로 하나님 통치에 관한 성서적 약속의 내용이다.

이런 이유로 고대교회의 신학자들은 하나님 나라를 향한 그리스도교의 희망을 로마제국과 연결시킬 수 있는 아주 좋은 근거를 지니고 있었다. 오늘날의 그리스도인들은 오늘날 세계 정치적 조건들 중에서 과연 어떤 잠정적 형태가 보편적인 평화질서와 법질서라는 그리스도교적 희망을 수용할 수 있는지를 질문해 볼 필요가 있다. 물론 예나 지금이나 그리스도교 복음이 현존질서를 미화하는데 오용될 위험이 있다. 이미 비잔틴제국과의 관계 속에서 있던 고대교회도 이러한 위험에서 항상 벗어나지 못했다. 하지만 모든 그리스도교적 삶의 형태는 궁극적인 하나님 나라의 미래에 비하면 기껏해야 부분적이고 잠정적임을 우리가 겸손하게 인지하고 있다면 이러한 위험은 사라지게 된다. 유럽국가연합체[03]나 국제연합이 어떤 최상의 주권을 소유하고 참으로 초국가적인 권위를 가지게 된다고 하더라도 지상에서 하나님 나라를 궁극적으로 실현할 수는 없을 것이다.

하지만 약속한 하나님 나라의 잠정적인 형태라고 하더라도 현재에서 최상의 형태가 되도록 이러한 방향으로 진력하는 것이 좋을 것이다. 케네디(John F. Kennedy)는 이 땅에서 평화롭고 정의로운 인류공존 질서에 관한 자신의 비전을 몇 문장으로 표현했는데, 거기에는 미래의 보편적인 평화 왕국에 관한 구약성서의 약속이 반영되어 있다. 케네디의 이상(理想)은 그리스도교로부터 영감 받은 정치적 보편주의를 아마도 우리시대에 가장 또렷하게 투영하고 있다. 하지만 이미 말했듯이, 우리는 이전 시대들과 마찬가지로 하나님 나라의 설립을 인간의 노력에 의해 성취될 수 있는 일로 이해해서는 안 될 것이다. 현재 가능한 모든 그리스도교적 삶의 형태는 잠정적이라는 사실을 우리는 항상 의식해야만 한다. 이러한 잠정성은 모든 "선한 일"에 해당된다. 그것이 개인적 일이든지 공적인 일이든지 마찬가지다. 또한 거기엔 우리 자신의 일과 하나

---

03 판넨베르크가 이 글을 쓸 당시에는 오늘날과 같은 유럽연합(EU)이 형성되지 않았다. 따라서 오늘날의 명칭과는 달리 '유럽국가연합체'(die Vereinigten Staaten von Europa)로 번역했다.

님의 미래의 영광 사이의 간격을 잊지 않는 그리스도교적 겸허함이 놓여 있다. 이러한 간격을 인지한다고 해서 또한 실천의 의지가 무뎌지진 않는다. 그와는 반대로 약속된 하나님의 평화 왕국의 미래와 현재의 상황들 사이의 간격을 인지함으로써 현재 상황을 변화시킬 충동을 촉발할 수 있다. 약속된 하나님의 평화 왕국에 관한 희망은 우리의 상상력과 의지에 날개를 달아, 현재 상황에서 특히 부족하다고 인지된 것을 극복할 수 있게 해 준다.

II

앞서 그리스도교로부터 영감받은 정치적 보편주의가 오늘날 어떻게 가능한지를 숙고했는데, 이것은 우리에게 약속한 평화와 정의의 하나님 나라는 오늘날 더는 세계군주제라는 정치적 형태를 취하지 않는다는 사실을 암암리에 전제하고 있다. 세계군주제는 옛 그리스도교에서는 하나님의 세계통치의 지상적 모상(模像)이었다. 이후 왕권신수설(Gottesgnadentum)[04]은 지형적으로 경계가 나눠졌을 때 이미 쇠퇴하는 모습을 보여줬다. 오직 세계군주제[05]만이 하

04 콘스탄티누스에 의해 그리스도교가 종교로 승인된 이후 테오도시우스 1세에 의해 국교로 공인됨으로써 기존의 황제숭배는 사라지게 되었다. 이제 황제는 신이 아니다. 하지만 이후 그리스도교화된 유럽에서 황제나 국왕은 그 권한을 신으로부터 부여 받는다고 생각했고, 이때 신의 은총(Gnade Gottes, gratia Dei)이라는 말을 종종 언급됨으로써 독일어권에서는 이를 Gottesgnadentum이라고 표현한다.

05 Monarchie(군주제)라는 단어의 어원에는 헬라어로 monos(하나)와 archein(통치하다)이라는 두 단어가 결합되어 있다. 따라서 군주제란 한 사람에 의한 통치, 단일군주

나님의 세계통치의 대리자로 이해되어야 했다.

하지만 신학적으로 보자면 군주 통치는 불가피하게 이중성을 갖고 있다. 자신에 반대하는 어떠한 결정도 이젠 다른 권좌에 요청할 수 없을 정도로, 군주는 지상에서 최상의 권좌라는 점에서 하나님 통치의 대표자이면서도 동시에 경쟁자로 보아야만 한다. 예수 그리스도는 인간에 대한 통치를 추구하거나 주장하지 않으며, 오히려 하나님의 통치를 선포하기 위해 십자가 죽음에 자신을 내맡겼다는 점에서 그는 곧 메시아이며, 인류에 대한 하나님 통치의 대표자이다. 그러므로 통치하는 자와 통치받는 자 사이의 대립은 예수 그리스도를 통해 극복되었다. 그리스도인들에게 이 대립은 극복되었는데, 그들이 신앙과 세례와 성찬을 통해 예수 그리스도와 결합되기 때문이다. 또한 그들은 그분의 제사장직(職)과 왕권에도 참여한다. 따라서 군주제, 곧 통치자와 백성 사이에 원칙적인 대립을 가진 절대적 군주제는 어떤 경우에도 그리스도교에 적합하지 않다. 그리스도인의 일반적 왕권은 보편 사제직에 상응한다. 이러한 생각은 역사적으로, 교의학적으로 근대 민주주의의 그리스도교적 뿌리를 내포하고 있다.

물론 근대 민주주의는 그리스도교뿐 아니라 고대 사상에도 뿌리를 두고 있다. 시민의 평등과 자유는 이미 고대 그리스 민주주의의 근간을 형성하고 있었다. 스토아 철학자들은 인간으로서의

제로 번역할 수도 있다. 이 구절에서 '세계군주제'는 바로 앞에 설정된 상황, 로마와 비잔틴을 중심으로 제국이 분열된 이후에도 왕권신수설을 통해 두 황제 모두를 옹호하려는 상황과의 긴장 관계에서 읽어야 한다. 이후 본문에서 판넨베르크는 군주제를 신학적으로 비판한다.

자유와 평등의 권리를 모든 사람에게 인정한 최초의 철학자들이다. 하지만 그리스 역사에서 민주적인 법 집행은 지속될 수 없다는 가르침이 나왔다. 그 이유는 여기서 요구되는 공통감각(Gemeinsinn)[06]을 시민들이 펼쳐내지 못한다는 것이다. 따라서 정치적 질서는 오직 개별자의 통치를 통해서만 보장되는 것처럼 보였다. 평등과 자유는 유감스럽게도 인류가 오래전 경험했을 법한 과거 황금기의 표징으로 여겨졌다.

이러한 스토아 사상과 유사하게 그리스도교 신학은 인류의 자유와 평등을 근원적 본성의 특성으로 판단했다. 물론 이런 특성은 범죄로 인한 타락 이후 잃어버렸고 하나님 나라의 미래적 지복(至福) 속에서 비로소 되찾게 될 것이다. 그리스도교 신학의 주된 흐름에서는 스토아 철학과 마찬가지로 자유와 평등은 본래적으로 인간의 인간다움(Menschsein)에 속하는 것이지만, 인간성의 부패로 인해 상실되었다. 하지만 그리스도교에서 자유와 평등은 먼 과거의 황금시기와 결합될 뿐 아니라, 하나님 앞에서 모든 사람의 평등함을 드러낼 하나님의 미래의 일과 결합되어 있다. 또한 새로운 인간이며 참된 인간인 그리스도와 그리스도인들의 연합을 위해 인간의 미래적 영광을 이미 현재에 요구할 가능성이 그리스도교 신학에는 잠재되어 있다. 따라서 그리스도교 신앙은 스토아의 사상세계를 넘어서는 두 가지 결정적인 발걸음을 내디뎠다. 인간

---

06 Gemeinsinn은 라틴어 sensus communis의 독일어 번역으로 우리말로는 공통감으로 번역하기도 한다. 본문에서는 모든 사람에게 공통적으로 나눠져 있는 건전한 지성과 판단력을 뜻한다.

은 단지 이전 시대에 한때 자유롭고 평등했을 뿐 아니라 다시 그렇게 될 것이다. 먼 미래에서 비로소 그렇게 될 것이 아니라 오히려 현재에도 이러한 인간의 본성과 숙명을 활용할 수 있다. 왜냐하면 그리스도와의 연합은 인간으로 하여금 자신의 현재적 실존과 약함의 한계들을 넘어설 수 있게 만들기 때문이다.

온 인류를 하나 되게 하는 평화와 정의의 정치 질서를 희망하는 그리스도교 보편주의는 민주주의 이념과 긴밀하게 연관되어 있다. 우선적으로 이것은 민주주의 원칙에도 유효하며 인간으로서 인간을 향한, 즉 어느 한 나라의 구성원만이 아니라 모든 인류를 향한 것이다. 그러므로 세계시민적인 특성은 본래적인 의미의 민주주의적 사유에 고유한 것이다. 민주주의 이념의 많은 선구자들은 민주적 단체들로부터 민족들 간의 융합과 친화를 기대했으며 인류가 정치적으로 함께 성장해 나가기를 기대했다. 오늘날 우리는 이러한 경향이 자동적으로 성취되진 않았다는 사실을 알고 있다. 민족주의가 또한 민주주의 국가체제에도 엄습하여 예전에는 없었던 민족적 증오가 발생할 수도 있다. 민주주의 이념에 대한 인류 전체의 열정은 인류 전체를 포괄하는 평화질서라는 목표와 결속될 필요가 있다.

역으로 보편적 평화질서의 희망은 자유와 평화가 만연한 사회에서만 온전히 펼쳐질 수 있는 특징들을 포함하고 있다. 약속된 평화 왕국에서 기대하는 것은 인간의 인간됨이 공동체 안에서 실현되는 것이다. 그래서 동물의 형태로 상징화되었던 세계제국의 폭군통치와 그분의 통치 성격을 구분하기 위해, 구약성서가 희망한 하나님 나라는 이미 다니엘서에서 상징적으로 인간의 형태로 표현되었다. 앞서 이미 강조했듯이 예수의 십자가를 통해 그리고 그분과 신앙인들 간의 성례전적인 연합을 통해 지배자와 피지배자 간의 대립이 완전히 극복되기 때문에, 그리스도의 통치는 모든 폭군통치의 종결이다. 따라서 초기 그리스도교도 인간의 인간됨은 하나님 나라에서 실현되며, 이것은 출신과 사회적 지위와 무관하게 이뤄진다는 사실을 확신했다. 이런 점에서 그리스도교 신학은 모든 인간의 근원적인 자유와 평등에 관한 스토아 사상에서 어느 정도의 친근성을 올바르게 인지했다. 그리스도교 신학은 이런 스토아 사상을 습득하여 인류 미래를 위한 약속으로 변화시켰다.

스토아 사상을 그리스도교가 습득함으로써 자유와 평화의 의미, 그리고 이와 더불어 민주주의의 토대가 변화되었다. 스토아 사상에서 자유와 평등은 근원적인 인간본성에 속하며, 비록 역사의 전개과정 속에는 불평등이 만연하지만, 스토아적 시야에서는 현재의 인간도 그 핵심에 있어서는 평등하며, 사회가 만들어 놓은 차이[07]를 꿰뚫고 나갈 수 있다면 동일하게 자유롭다고 여겼다. 하지만 그리스도교는 사람들 간의 차이는 사실적으로 현존하는 공통점에 비해 비본질적인 것이 아니라고 판단했다. 그런데 이런 차이들은 하나님 나라의 공동체를 위한 인간의 공통된 운명에 비하면 의미심장한 것은 아니다. 그리스도교는 지금의 상태에서 사람

07 차이는 Unterschied의 번역인데 차등이라고 해도 될 법하지만 아래에서 반복적으로 나오면서 그 의미가 이중적이라 일단은 중립적 의미로 차이로 번역했다.

들이 평등하거나 똑같이 자유롭다고 보지 않으며, 오히려 아직은 그렇지는 않지만 믿음으로 하나님 앞에서 자유와 평등에 부르심을 받았다고 본다.

민주주의 이념은 이미 존재하는 평등과 자유라는 스토아적 의미로 해석될 때, 약간 공격을 받을 수 있다. 이러한 평등은 모든 차이로부터 추상화된 것이다. 이는 출신과 소유뿐 아니라 자질과 능력의 차이로부터 추상화된 것이다. 이처럼 추상화된 인간의 평등이 정치적 행위의 잣대가 되는 곳에서 중대한 부정, 곧 모든 특별함과 탁월함의 균등화를 피하기는 어려울 것이다.

하지만 평등에 관한 그리스도교의 생각은 모두가 다른 사람과 같이 한 표씩 갖는다고 해서 모두가 중간치가 되어야 한다는 것을 의미하진 않는다. 오히려 그리스도교적 의미에서 평등이란 모든 사람이 최상의 인간적 가능성에 참여하도록 고양되어야 함을 의미한다. 이러한 평등은 항상 다시 창조되어야 하며, 이미 주어져 있는 것이 아니다. 그리고 이것은 오직 형제애의 능력을 통해서만 창조된다.

이것은 근대 민주주의의 세 번째 기본단어이며, 가장 명백하게 그리스도교적 뿌리를 갖고 있다. 하지만 형제애는 자유와 평등 다음으로 자주 망각된다. 하지만 다양한 것을 연합하게 하고 연합하여 이전에 없었던 평등을 불러일으키는 것이 바로 형제애의 능력이며 창조적 사랑의 능력이다. 형제애는 개개인이 현재 마주치는 한계를 극복하여, 인간의 공통적 숙명을 향해 자유로울 수 있도록 도와주어야만 한다. 형제애란 모든 사람에게 그 사회의 자산에 온전히 참여하도록 참된 기회를 제공함을 의미한다. 에이브라함 링컨은 평등사상의 고유한 의미를 나음과 같이 인식했다. 모두가 똑같지는 않다. 또한 모두가 똑같이 취급될 수도 없다. 하지만 동일한 목적에 도달할 수 있는 참된 기회가 모두에게 주어질 수는 있다.[08] 모두에게 기회가 제공되어야만 한다는 링컨의 이러한 생각은 여전히 일궈 나가야 할 평등에 대해 말하는 것이 어떤 의미가 있는지를 분명히 해 준다.

우리가 지금까지 생각했던 것은 다음과 같다. 그리스도교의 하나님 나라의 윤리는 인류라는 보편사상과 특히 긴밀히 얽혀 있는데, 이러한 보편사상은 민족들을 포괄하는 인류 평화질서의 추구와 "국제정치적" 연관성을 지니고 있다. 그뿐만 아니라 이것은 또한 "국내정치적으로" 길을 안내하는 힘을 지니고 있다. 왜냐하면 민주주의 이념에서는 인간 그 자체가 중심주제이기 때문이다. 하지만 민주적인 사회라도 시작할 때부터 전체 인류를 포괄할 순 없다. 민주사회도 그때마다 특정 민족의 공생과 정치적 제도들 안에서, 그리고 나눠진 국가영역의 토대 위에서 전개된다.

이와 함께 우리는 하나님 나라의 윤리라는 틀 안에서 민족 공동체가 갖는 가치가 무엇인지를 이제 묻지 않을 수가 없다. 오직 이러한 틀 속에서만 민족은 그리스도교 윤리가 숙고하는 주제가 될 수 있다. 그러므로 우리는 먼저 민주적 인류이념의 길을 경유한

---

08 독일어로 Gleichheit는 여기서 평등으로 번역되었지만, 앞서 언급했듯이 gleich라는 형용사의 명사형인 이 단어는 똑같음, 동일함의 의미도 지닐 수 있다. 하지만 링컨을 인용하며 판넨베르크는 평등하다는 것이 똑같다는 뜻은 아님을 분명히 한다.

이후에서야 민족 현상으로 되돌아오게 된다. 비록 역사에 많은 예시가 있다곤 하지만, 그리스도교와 조국의 동행이 도대체 어떻게 이뤄질 수 있는지는 신학적으로 결코 쉽게 통찰되지 않는다.

III

그리스도교의 하나님 나라의 희망이 정치생활에서 그에 상응하는 보편적 표현을 발견할 수 없거나 하나님 나라 사상이 변질되어 사람들이 그에 상응하는 정치적 현실을 더 이상 전혀 추구하지 않았을 때, 바로 그때 민족국가들은 항상 직접적으로 교회의 정치적 파트너가 되었던 것 같다. 이 두 측면이 서구 유럽에서는 고대후기에 처음으로 등장하게 되었다. 보편적인 로마제국은 어쨌든 그 서쪽 지역이 민족 대이동의 흐름 속에서 무너졌고, 동시에 하나님 나라의 개념은 비(非)정치화되었다.

이 두 과정은 결합되어 있다. 비잔틴의 하나님 나라 신학이나 그 이후 중세의 하나님 나라 신학의 약점은 지상에서 하나님 나라를 대표하는 그리스도교적 제국을 파괴될 수 없는 것으로 간주했다는데 있다. 게다가 그리스도교의 미래 희망이 현재의 모든 삶의 형태에 대해 가진 비판적 기능은 잊혀져 갔다. 로마제국의 잠정성과 무상함이 서로마제국의 몰락으로 인해 점점 더 강하게 의식되었다. 이로써 하나님 나라의 희망과 정치생활 사이의 모든 결속은 절대화된 비잔틴적 하나님 나라 신학과 함께 전적으로 포기되었다. 아우구스티누스는 하나님 나라를 세계 정치적 질서와 대립시킴으로써 사기 시대의 역사적 경험을 표현했다.

이를 통해 아우구스티누스는 두 왕국론의 첫 번째 옹호자가 되었다. 우리는 여기서 이러한 견해가 물론 하나님 나라가 인간의 모든 정치 영역과는 다르다는 사실을 날카롭게 표현했지만 이러한 다름이 아무런 열매도 거두지 못했다는 사실을 보게 된다. 왜냐하면 두 영역의 구분으로 인해 하나님 나라가 때마다 반복되는 정치적 현실의 한계성을 극복하게 하는 비판적 힘으로서는 작동하지 못하게 되었기 때문이다. 무엇보다도 아우구스티누스는 하나님 나라를 역사의 저편으로 완전히 밀쳐내지는 않았다. 그는 다만 그 당시 모든 혼동 속에서 흔들림 없이 서 있었던 교회 안에서 하나님 나라의 구체적 형태를 발견하기 위해 이를 정치와 분리시켰다.

하나님 나라와 교회의 결합은 역사 속에서 광범위하게 영향력을 끼쳤다. 우선 중세 초기에 교회는 자신을 로마제국의 유산으로서, 그리스도교의 유일한 보편적 기관으로서 생각했고 정치적 영역에서는 자신을 이방민족들에 맞서고 있는 것으로 보았다. 하나의 그리스도교 안에 교회와 정치권력의 상호협력을 위한 이론으로서 세속 권력과 영적 권력이라는 "두 권력론"이 형성되었다.[09]

---

09 두 권력론(Zwei-Gewalten-Theorie)은 황제와 교황 사이의 힘의 균형을 조율하고자 교황 겔라시우스 1세(?-496)가 동로마제국의 황제 아타나시우스 1세에게 보낸 편지에서 등장한다. 황제에 의한 세속권력의 통치(regnum)와 교황에 의한 영적인 성직통치(sacerdotium)를, 그리스도의 몸(corpus Christi)을 이루는 육체와 영혼처럼 구분하였다. 후에 교황 그레고리우스 7세(Gregorius VII, 재임 1073-1084)는 황제 하인리히 4세와의 서임권 분쟁에서 영혼이 몸보다 중요하다고 주장함으로써 두 권력론을 통해

여기서 세상권력은 평화와 정의를 유지함으로써 하나님 나라에 봉사해야만 하는데, 하지만 더는 보편적인 제국일 수는 없었다. 중세 황제권이 자신을 그리스도교의 하나의 보편적인 세상질서라고 요구하자, 교회는 이러한 요구들과 투쟁하면서 이에 반대하여 여러 국가들과 결속할 수밖에 없었다. 제국의 몰락 이후 가톨릭 교회는 전체 그리스도교의 유일한 보편적 법정으로서 재등장하여 현재까지도 민족국가들의 파편주의에 대립하여 서 있다.

이것은 교회와 민족국가가 동행할 수 있는 하나의 형태였다. 다른 형태는 루터의 두 왕국론이 이를 답습한 것들에서 볼 수 있다. 이러한 가르침도 중세의 두 권력론에서 유래했다. 하지만 루터에게서 교회의 영적 권력은 이제 보편적인 제도가 아니다. 따라서 교회가 지역국가들과 이후 민족국가들에 의존하게 될 위험이 특히 커질 수밖에 없었다.

루터는 정치생활을 더는 하나님 나라에 대한 희망의 빛에서 보지 않았다. 그런 점에서 그는 아우구스티누스적 두 왕국론의 전통에 서 있었다. 따라서 그에게 적어도 하나님의 약속된 평화 왕국의 잠정적 형태인 보편적인 정치 질서에 관한 질문은 이제 신학적 의미를 갖지 못했다. 바로 이런 이유로 그는 이후 생겨날 민족국가의 앞선 사례들인 여러 형태의 지역통치를 어려움 없이 세상 당국의 상례(常例)로 받아들일 수 있었다.

교황권의 우위를 강조했다. 두 권력론에서는 그나마 영혼의 보편성, 즉 교회를 통한 영적 통치의 보편성이 강조되고 있지만, 판넨베르크에 따르면 두 왕국론에서는 이런 보편성은 사라진다. 판넨베르크는 다음에 나오는 제10장 '정치적 현안과 그리스도교 윤리'에서도 두 권력론에 대해 언급한다.

하지만 이러한 걸음에는 생각할 것이 매우 많았다. 사람들은 루터의 두 왕국론에서 어떤 장점들을 칭송할 수 있다. 이 이론은 하나님 나라와 정치 현실 사이의 차이와 또한 교회와 국가 사이의 차이를 인식했다. 이것이 정치권력에 대해 그리스도인이 단지 수동적이어야 한다는 뜻은 아니다. 하지만 하나님 나라와 정치 현실 사이의 차이는 현재적 상황의 변형을 위한 역동성을 이젠 발휘할 수 없게 한다. 그 대신에 정치 행위의 영역은 세상 권력들에 위임되는데, 세상 권력은 그리스도교 황제와는 달리 자신의 고유한 본질을 통해 그리스도교적 목표를 설정할 필요는 없었다. 물론 그리스도교적인 마인드를 가진 군주들은 있었다. 하지만 16세기 영방국가(領邦國家)[10]들의 정치생활의 관심사는 그리스도교적 동기와 목표설정과는 거의 관련이 없으며, 이후의 민족국가에서도 분명 마찬가지였다. 루터의 두 왕국론의 문제점은 여기에 있다.

영방국가들의 국가통치의 근거가 그리스도교적 동기와 목표설정과 얼마나 동떨어진 것인지를 여기서 더 상술할 필요는 없다. 이에 반해 비록 민족국가라는 현상을 그리스도교적 정치윤리의 빛에서 모두 다 말한 것은 아니지만, 우선적으로 우리는 시선을 그리스도교와 근대 민족주의 사이의 모순에 돌려야만 한다. 민족국가는 정치 행위의 청사진으로 근대에 부각되었는데, 이것은 그리스도교의 초민족적인 전승과 초민족주의의 원천에 대립한다.

10 영방국가들(Territorialstaaten)은 신성로마제국의 제후국들로서 각각 독립된 지위와 주권을 누렸다.

즉, 모든 사람을 위한 하나님 나라를 기대하는 그리스도교의 희망에 대립하는 것이다. 이러한 모습은 민족주의가 자신의 자의식을 성서적 사상에 연결시킨 그 방식에서 분명해진다. 이때 성서적 사상은 왜곡되어 심지어 민족이 신격화되기까지 한다. 이런 식으로 선민사상은 영국이나 독일처럼 근대 국가에 전용되어, 그들에게 종교적 파송의 영광을 수여했다.

자기 민족을 옛 이스라엘의 유비를 따라 선택받은 것으로 생각하려는 경향은 이스라엘이라는 이름 안에서 선택된 하나님의 백성으로 표현되었던 이스라엘의 구원사적 독특성을 오인한 것이었다. 더구나 이 백성의 선택은 이스라엘의 하나님을 위해 온 인류를 얻으려는데 그 목적이 있었다. 여기서는 오직 한 백성의 선택에서 모든 사람을 그리스도교의 구원으로 부르는 전환이 일어났다는 점에서 이러한 목표는 원칙적으로 예수 그리스도와 함께, 그리고 보편적인 그리스도교의 선교로 달성되었다. 이런 점에서 선민사상은 온 인류를 향한 그리스도교적 전환 뒤로 되돌아가 버린 것을 의미한다. 따라서 이러한 사상의 민족주의적 세속화는 반(反)그리스도교적으로 판단되어야만 한다.

민족사상이 근대의 정치적 의사결정 과정에서 그리스도교적 모티브를 배제하는데 우연히 기여한 것은 아니다. 민족적 관심을 국가의 기본방침과 정치의 목표로 삼는 곳은 인류를 위한 공의와 평화의 질서인 하나님 나라에 대한 그리스도교적 기대와는 거리가 먼 곳이다. 보편적인 그리스도교회는 이러한 노선 위에서 정치적 삶이 그리스도교 정신에서 상투적으로 벗어나는 것을 거의 인지하지 못했고 이를 너무 쉽게 받아들였다. 교회는 분명 민족적인 것과 관련된 제의에 전혀 참여하지 않았고, 심지어 독일에서도 그랬다. 하지만 교회는 민족적 사유의 협소함을 광범위한 정치적 목표설정을 통해 극복하고 이를 그리스도교적 희망의 보편적 지평과 관련성 안에 두어야 한다는 사실을 이해하지 못했다. 교회는 두 권력론의 표시 아래 민족주의와 나란히 놓이게 되었다. 따라서 만약 누군가가 그래야 했다면, 유럽 민족들을 서로 대립적으로 쪼개어 놓으려는 움직임에 교회가 소명감을 갖고 반대했어야만 했다.

이러한 움직임이, 피할 수 있었지만 결과적으로는 그렇게 못했던 민족주의 사상의 극단화였다고 말해서는 안 된다. 지난 시기에 이러한 판단들이 종종 있었다. 나는 이러한 판단이 사태의 진실을 경시하는 것은 아닌지 염려스럽다. 민족국가가 정치적 사유의 중심에 놓이게 되는 곳에서는 결국 우월성을 놓고 경쟁하지 않을 수 없다. 물론 독일 민족주의의 길을 낭만적으로 예비했던 자들이 민족증오를 설교하지는 않았으며, 오히려 민족국가들이 조화롭게 공생하는 것을 생각했다. 하지만 그러한 이념은 문화적 경쟁뿐만 아니라 민족국가들 간의 정치권력 경쟁과 주도권 투쟁을 촉발시켰다. 헤르더나 슐라이어마허와 같은 이의 머릿속에 떠올랐던 민족들 간의 조화적 공생은 상위의 목표설정과 초민족적인 제도들의 틀 안에서만 지속적으로 가능하다.

이 모든 것은 그리스도교적 정치윤리에서 민족국가가 갖는 정치적 사유와 행위의 의미를 완전히 배제해야 한다는 것을 뜻하진 않는다. 공동의 언어, 공동의 문화, 공동의 역사적 운명이나 이 모든 것의 연결을 통해 민족으로 결속시키는 것은 의심할 여지 없이 그 누구도 그냥 지나치지 못하고 주목할 수밖에 없는 역사적 실상이다. 민족결속의 의미에 대해 아무튼 명확히 설명할 방법을 찾아야만 한다. 민족적 결합에 관한 또 다른 유비로서 가족공동체에 대한 생각이 떠오르는데, 하지만 가족공동체는 역사적 변화에 대해 민족보다는 영향을 덜 받는다.

지난 세기(世紀)의 신학적 윤리가 가족처럼 다방면에서 민족을 하나님의 "창조질서"[11]로 파악했다. 창조질서라는 개념은 다층적이다. 먼저 이 개념은 사실상 민족들이 있다는 것과 모든 사람은 민족과의 연관성 안에 놓여 있다는 확증에 대한 신학적 표현이다. 하지만 그 외에도 창조질서 개념은 가족 또는 민족보다는 개인이 담당해야 할 의무의 근거를 마련해주고 있다.

여기서 그 문제점이 엿보인다. 왜냐하면 창조질서 개념은 민족국가를 특별히 그리스도교적인 사상과 연결시킬 수는 없기 때문이다. 따라서 창조질서로서 백성을 언급함으로써 민족국가들이 현존한다는 사실을 넘어 이러한 사실로부터 각 구성원에게 특별한 의무감을 이끌어 내려 했다는 점이 이미 심상치 않다. 민족의 고유성을 유지하는 것이 신의 뜻이라는 주장은 단순히 민족이 있

11 창조질서는 하나님께서 세상을 창조하실 때, 창조와 함께 주어진 규율이나 법칙, 원리로서, 교회의 역사에서는 결혼, 가정, 국가와 같은 제도들도 창조질서에 포함되는 것으로 이해했다. 구체적으로는 가정에서의 여성의 봉사와 남성의 주도권을 창조질서로 주장하기도 했다. 이하 본문에서 질서(Ordnung)로 번역된 단어는 규율, 법칙, 원리라는 의미를 함축하고 있다고 보아야 한다.

다는 사실에 근거를 둘 수는 없다. 그러므로 창조질서 개념을 통한 민족 단합은 무엇보다도 민족주의적으로 오용될 수 있음이 증명되었기 때문에 그 의의가 의심스럽다.

또 다른 조명이 다가오는 하나님 나라에 관한 그리스도교적 희망이란 관점에서 한 민족의 국가적 결속이라는 사실을 비춘다. 서서히 개개인이 범세계적으로 결속함으로써 평화와 정의의 나라 안에서 모든 사람의 공동체가 이뤄져야 한다. 이 공동체는 그 안에 보다 작은 집단의 결합들로 이뤄진 보다 더 큰 집단의 공동체일 뿐이다. 공통점이 있는 곳마다 형성될 상호결속 의식(意識)의 발전과 유지는 보다 더 큰 정치적 통합에 이르는 유일한 길이다. 고립된 개인이 아니라 우선적으로 개개인으로 형성된 집단이 더 큰 공동체로 결합될 수 있다. 이런 의미에서 민족적 상호결속은 인류가 더 큰 공동체에 이르는 불가피한 단계로서 긍정적인 의미를 지닌다. 동시에 거기에 민족적 이기주의를 배척하는 척도가 자리 잡게 된다.

이런 관점에서 지난 세기에 민족주의 운동을 불러일으켰던 민족국가에 대한 요구권이 이해될 수 있다. 무엇보다도 이러한 권리는 민족적 공통성에서 먼저 나온 것이 아니라 인간존엄성과 자유와 평등에 관한 인간규정에 기초해 있는 정치적 자기결정권과 결합되어 비로소 나온 것이다. 게다가 민족국가에 관한 요구가 이전에 인정했던 원론적인 특징을 지닐 수 없다는 점도 언급해야만 한다. 옛 오스트리아-헝가리와 같은 민족성을 지닌 국가를 무조건 거부할 필요는 없다. 어쨌든 고유한 민족적 경계들을 넘어서 정치적 공동체를 형성해야 한다고 생각하는 사람에겐 이러한 통찰이 곤란하게 여겨지지 않을 것이다.

더 큰 인류 공동체를 지향하는 단계로서 민족적 결속력은 고유한 언어, 고유한 문화와 삶의 양식이라는 민족적 특수성을 장려한다는 의미를 갖게 한다. 포괄적인 정치적 전체성은 획일성보다는 다양성을 상호 보완하는 특수성을 통해 더 잘 결합한다. 특히 특수성을 장려하는 것은 그것이 전체성의 삶에 기여가 된다는 한에서 의미가 있다.

하지만 무엇보다도 초민족적인 법질서와 평화질서 구축을 위한 노력은 민족적 특수성을 장려하는 것보다 더 우선되어야만 한다. 왜냐하면 민족들은 우리가 경험했듯이 그 스스로 조화를 이루진 못하기 때문이다. 게다가 초민족적인 결합도 기껏해야 공동의 역사와 문화를 소유하고 공동의 정치적, 경제적 과제를 가진 제한된 그룹들로부터 시작될 것이다. 우리시대에는 이러한 결합의 표본으로 유럽 통합의 과정이 유력시될 것이다. 하지만 이런 방식의 민족국가 통합은 자신들의 경계를 넘어서 정의롭고 평화로운 질서의 이념을 지향해야 하며, 또한 이러한 이념은 인류 전체를 포함해야 하는데, 단지 우리와 우방 세계만이 아니라 현재 적대적인 국가들도 포함해야 한다.

따라서 암시되었듯이 부분적 결합에 의한 순차적 진행의 과정은 다음과 같다. 모든 민족의 국내정치적 삶에서 시작하여, 그다음 그 안에서 민족적 친교의 장을 찾고 인류를 포괄하는 평화질서라는 보편적 목표를 지향해 나아가야 한다. 이러한 생각은 성서의 하나님 나라의 희망과 연결되기 때문에 그리스도교적 정치윤리의 기준이 되어야만 한다. 이 기준을 적용해서 예를 들면 하나의 통합된 유럽이 배타적으로 다른 세계를 배척하지 않으며, 자신의 고유한 문화와 민주적인 질서 안에서 인간의 인간성을 드러냄으로써 다른 대륙의 인간성도 끌어당길 매력을 발산할 때만, 하나의 통합된 유럽이라는 이상(理想)은 온전한 윤리적 구속력을 갖게 된다.

독일의 민족적 문제와 관련해서 성서의 하나님 나라의 희망을 주어진 잣대로 활용한다면, 우리 민족의 이익이 목적 자체가 되어서는 안 되며 유럽통합이라는 상위의 목표들과 연관성 안에서 이것이 추구되어야 할 것이다. 유럽통합과 세계평화라는 상위 정치적 목표들이 이렇게 결합함으로써, 민족적 공통점을 올바르게 장려하는 일과 민족주의적 중흥 사이의 경계선이 선명해진다.

더 구체적인 것을 여기서 말해 보겠다. 엘베강 너머의 수백만의 독일인과 민족적 결속을 새롭게 현실화하려는 정치적 시도를 어떤 정치도 포기할 수는 없다. 이러한 정치적 공동체의 형태는 전체 독일 민족의 자유로운 자기결정의 결과여야만 하며, 이러한 사실은 인간의 존엄성과 자유롭고 평등한 인간성을 위한 규정에 뒤따르는 당연한 요구로 이해된다. 그런데 독일이 이러한 인간에 관한 규정을 더 확신 있게 표현하면 할수록, 이와 같은 요구는 더 실효성을 얻게 될 것이다.

이것과는 반대로 1937년의 독일 국경에 대한 복원요청은 내가 보기에는 아주 추상적이고 민족주의적으로 이해된 법의 관점에서만 타당성을 지닌 것 같다. 오데르-나이세강 건너편에 오늘날 거주하고 있는 폴란드 주민을 다시금 이주시키자는 말인가? 소련이 옛 폴란드 동쪽 영역을 폴란드인에게 되돌려 주기를 기다려야 한단 말인가? 이것은 정말이지 전적으로 비현실적인 소망이다. 또한 서독 주민을 양분하려고 하는 이런 식의 목표설정이 여전히 공식적으로 지속될 것이라고 기대해서는 안 된다.

나는 이것을 민족적 관심에서도 말하고 있다. 도달할 수 없는 것을 붙잡으려는 교만한 시도로 인해, 우리는 어렵지만 여전히 도달할 수 있는, 즉 엘베강 너머의 독일인과의 정치적 통일을 어쩌면 오랫동안 놓치게 될지도 모른다. 동유럽의 이웃들, 특히 폴란드 사람들과 소통 없이는 이러한 매우 시급한 민족적 관심사가 현실화될 전망은 거의 없다. 영토와 관련된 모든 규정들은 평화협정에서 다뤄져야 한다는 것은 항상 듣는 말이다. 하지만 20년 후에도 평화협정체결을 여전히 기대할 수 있다고 도대체 누가 말하겠는가? 이런 협정이 해가 갈수록 무용지물이 되는 것은 아닌가? 독일 정치가 민족적 관심사를 더 상위의 전제 유럽을 아우르는 구상에 편입시키고 인류의 요구들보다는 하위 단위에 둘 준비가 어느 정도 되었는지가 우리의 동유럽정책에서 지속적으로 분명하게 드러나게 될 것이다. 아니면, 독일 정치는 전쟁이 종결되면서 만들어진, 인간적으로 판단했을 때는 거의 개선될 수 없는 상황에 직면하여 어떤 민족적 원칙들 때문에 미래에 눈을 감을 것인가? 이러한 질문을 자유롭게 논의하는 일이 오늘날 우리 국가의 정치적 임무를 맡은 자들에게 항상 가능하진 않다. 오히려 이 일은 점점 더 여타 국민의 의무가 되고 있다. 이렇게 함으로써 언젠가는 독일 정부도 자유롭게 이에 상응하는 행동을 취할 수 있는 그런 분위기가 마련될 수 있다.

독일 사람들은 오늘날 민족적 자의식이 부족하다는 말을 항상 듣는다. 이러한 확정은 매우 타당하다. 하지만 이러한 결핍은 오늘날 우리의 정치적 상황에 대한 명확한 이해의 부족 때문이다. 동유럽에서 있었던 전쟁의 결과를 더 이상 정치적 의식에서 배제해 버리지 않겠다고 결심할 때 비로소 민족주의적 흥분과는 무관한 독일인의 국민감정이 발전될 수 있다. 그 때에야 비로소 독일인은 예단할 수 없는 정치적 모험에 휘말릴 염려 없이 다시금 조국이라는 단어를 입에 담을 수 있다. 물론 조국이 우리 정치적 사유와 행위에 최상의 가치표상이 될 필요는 없다.

우리는 시국의 요동에 흔들림 없이, "조국들의 유럽" 그 이상이 되어야만 하는 유럽통합을 확고한 목표로 삼고, 이를 넘어 미래의 더 나은 인류 평화질서에 공헌해야 할 것이다. 인류의 공존뿐 아니라 시민 교육에서 이런 보편적 목적과 인류의 보편적 규정을 지향하는 정치는 참된 자유와 평등에 기여한다. 이러한 정치는 그리스도교 전통 중 최상의 뿌리에서 그 힘을 끌어내야만 한다. 동시에 아마도 이것이 우리 민족의 국가적 필요에 가장 큰 공헌이 될 것이다.

정치적 현안과 그리스도교 윤리

시대의 질문, 특히 정치적 질문에 대한 그리스도교의 참여는 현대적이다. 따라서 '어떻게'와 '왜'에 대한 명확한 의식보다 정치적 활동에 대한 열망이 이따금 더 강한 것처럼 보이기도 한다. 순수사적 경건성의 개인주의뿐 아니라 전통적인 그리스도교적 기득권 윤리는 의도했든 그렇지 않든 간에 기존 지배관계의 안정에 기여하며, 실제로 지난 시절 그렇게 했다. 하지만 이러한 생각은 기존의 모든 지배관계에 의문을 제기하는 팽배한 의식에 직면하여 그리스도인으로서 급진적인 정치적 야당과 결합하려는 경향성을 자극하는데, 그렇다고 야당이 주장해야만 했다거나 실제 주장하는 정치적이며 사회적인 대안모델의 영향력에 관한 충분한 명료성을 가진 것도 아니다.

야당성이란 오늘날 흔히 혁명적이라고 언급된다. 왜냐하면 앞서 결정된 모든 게임규칙이 야당에겐 신임할 수 없는 참여를 약속하기 때문이다. 이 야당성은 한편에선 그리스도교적 보수주의는 비인간적 통치를 공고히 한다고 비난하며, 다른 한편에선 그리스도교의 새로운 연관성을 경험하도록 해야 한다고 주장한다.

먼저 언급된 이런 점에 분명 위험요소가 놓여 있다. 정치적 참여가 일종의 대리만족이 되어, 만약 정치적으로 참여하지 않으면 그리스도교 신앙이 진리의식과 태도에 대한 연관성을 잃을 것이라고 생각한다. 하지만 정치적 행위가 신앙의 진리의식을 대신하거나 일상에서 이를 검증하는 것을 대신할 수 없다. 그리스도인들이 정치활동에 대해 비판적으로 참여하는 것이 눈에 띄는데, 만약 이러한 새로운 정신이 곧장 환상파괴와 좌절로 희생되지 않으려면, 근본적인 신학적 반성이 요구된다. 즉, 비록 새로운 조짐이라고 해도 그리스도교적 용어가 다른 토대에서 마련된 사태판단과 입장표명에 단지 장식용으로 또다시 사용되지 않기 위해서는 그리스도교 신앙이 정치적 행위와 그 현안과 어떤 연관성을 지니는지 숙고해야 한다.

I

오늘날 그리스도인의 비판적 정치참여를 바람직한 것으로 여기는 사람들은 지금까지 그리스도교의 전통 안에서 이러한 생각을 대개 금지해 왔던 입장의 무게를 고려해야만 한다. 그리스도교가 그 역사 속에서 '세계'의 경제적이며 정치적 문제에 대해서는 상당히 유보적인 입장을 견지해 왔다는 사실을 논외로 삼을 수는 없다. 오늘날 우리는 매우 의심스러운 점을 감지하는데, 그 이유는 당시 존속했던 권력구조가 이러한 태도를 장려했기 때문이다.

경제적이고 정치적인 염려들이 인류에게는 중심적인 사안이지만 이러한 염려들에 대해 거리를 두는 것은 그리스도교적 논제뿐 아니라 일반적으로는 '종교적' 논제가 눈앞에 있는 것과 세상 속에서 염려할 대상이 될 수 있는 모든 것에 대해 취하는 포기할 수 없는 고유한 특징이다. 잊지 말아야 할 것은 이러한 거리두기로 인해 인간존엄성의 보호에도 기여한다는 사실이다. 이것은 어쩌면 그리스도교의 가장 중요한 기여일 텐데, 그리스도교적 처신의 다른 특징들로 인해 너무 쉽게 신뢰성을 잃게 될 수도 있다는 사실도 잊지 말아야 한다.

이러한 논의의 시초에는 전통적인 그리스도교의 방침에 고전이 되는 본문이 놓여 있다. 요한복음에서 예수는 빌라도에게 이렇게 말한다. "내 나라는 이 세상으로부터 있는 것이 아니다."(요한 18:36)[01] 물론 요한복음의 예수는 그의 나라가 이 세상 안에서 역사하지 않는다고 말한 것이 아니라, 인간의 권력관심과는 다른 형

01 이 구절은 우리말 개역개정판의 번역에 따르면 다음과 같다. "내 나라는 이 세상에 속한 것이 아니니라." 하지만 위의 본문에서는 소속이 아니라 출처와 유래의 관점에서 번역했다.

태의 근원을 지시한 것이다. 하지만 예수가 "유대인의 왕"이라는 정치적 혐의로 인해 적어도 로마제국에 대항하는 팔레스타인의 잠재적 폭동자일 수 있다는 빌라도의 질문에 대해 예수는 이 말씀을 통해 그의 나라, 곧 "진리"의 나라는 정치적 통치의 형태를 취하지 않는다고 응답한다. 물론 이 말은 예수의 하나님 나라 메시지가 갖는 진정한 의미로부터 무언가를 표현하려고 한 것이지만, 이 문장을 일반화시켜 아주 특별하게 적용한 경우도 있다. 유대 민족의 정치적 메시아니즘과 민족주의적 폭동의 성과에 대한 예수의 반대는 그가 선포한 하나님 나라가 모든 정치적 문제점에 대해 완전하고 일반적인 중립성을 지닌다는 뜻이 결코 아니다. 하지만 요한복음에서 빌라도에게 하신 그리스도의 말씀 – "내 나라는 이 세상으로부터 있는 것이 아니다." – 은 일반화된 의미에서 분명하게 두 왕국론에 정당성을 부여함으로써, 종교적인 영역과 정치적인 영역이 서로 독립성을 가지며, 그리고 어쨌든 두 세계에 속해 있는 그리스도인의 인격 안에 이 둘이 결합될 수 있도록 했다.

이렇게 일반화되는 의미는 분명 요한복음의 말씀 지평 안에 있는 것이 아니지만 그래도 거기에서 시작된 연장선상에 있다. 종교적 요소들과 정치적 요소들의 분리는 예수 메시지의 중심을 형성하는 하나님 나라에 관한 구약성서적이며 유대적인 희망과는 일치하지 않는다. 예수께서 열혈당원들의 정치적 메시아니즘과 거리를 두었다면, 이것은 무엇보다도 그가 하나님 나라의 오심을 하나님의 행위로서 기대했지, 인간의 노력들에서 기대하지는 않았다는 사실과 연결될 수 있을 것이다. 하지만 이것은 하나님 나라를 비

정치적으로 이해하는 것과도 거의 무관하다. 그렇다고 해서 바뀔 것은 없다. 예수의 고유한 선포 안에서 모든 삶의 영역에 해당되는 하나님 나라의 태동이 어떤 뚜렷한 정치적 강조점을 가진 것도 아니었다.

따라서 그리스도인의 비판적인 정치적 활동의 토대를 마련하려는 신학적 노력들은 구약성서, 특히 예언서로부터 항상 더 풍성하고 더 선명한 충동들을 얻어왔다. 야웨의 역사적 활동은 이스라엘 종교에서는 구성적인 요소였고, 항상 정치적 성격을 가졌다. 이때 '정치적'이란 인간 활동의 특별영역을 뜻하는 협소한 의미가 아니라 인류와의 연관성 속에 있는 인간 공동체인 민족이 처해 있는 일반적인 현존재의 조건들이라는 광의적 의미를 뜻한다. 땅을 구원의 선물로 취하고 법제도를 확립하고 거룩한 전쟁을 제도화하고, 마침내 다윗의 선택과 시온의 선택을 통해 왕권의 토대를 확립한 이런 일들 모두는 분명히 정치적 사건이며 정치적 사실이다.

초기의 다른 문화권에서도 이스라엘 종교의 정치적 성격과 어느 정도 유사한 점을 볼 수 있는데, 종교와 정치적 삶이 특징적으로 매우 밀접하게 연관되어 있다는 점에서 그렇다. 특히 이스라엘에서 눈에 띄는 점은 종교적 동기로 인한 정치 비판이 점점 큰 의미를 지닌다는 사실이다. 이스라엘 종교의 이런 예언자적 비판에서 후기 왕조시대에 나타난 것은 민족과 거리를 둔 이스라엘 하나님의 초월성이다. 하나님의 초월성은 삶에 중요한 것이 되었다. 여기서 이스라엘과 그 왕들의 태도뿐 아니라 당시 세계사 전체가 점차적으로 예언자적 말씀의 시야에 놓이게 된다.

이러한 예언자적 활동은 오늘날 정치적 선포를 위해 주어진 모범사례를 제공하지 않는가? 하지만 이러한 질문에 대해 찬반을 모든 면에서 조심스럽게 헤아려보는 사람은 오늘날의 세계가 옛 이스라엘과 다르다는 점에서만이 아니라 독특한 신학적 숙고로 인해 차라리 부정적인 답변에 이를 것이다.

고대 이스라엘의 종교에서는 모든 삶의 영역의 고대적 통일성은 여전히 종교 안에 놓여 있었다. 이와는 달리 근대의 현존재 이해는 인간의 활동과 더 넓게 연장된 전문분야가 기존의 종교적 결합에서 벗어나고 자립해 가는 과정을 특징으로 한다. 성스럽게 현존재를 둘러 싸고 있던 타율성은 자율성을 통해 해소되었다. 이 자율성은 자연세계와의 관계에서, 그리고 인간 상호 간의 사회적 관계 규정에서 나타났다.

이것과 관련해서 역사의 진행과정에서 하나님이 이끌어 가신다는 확신은 이스라엘 예언자들과는 달리 더는 정치적 상황에 대한 직접적인 비판의 근거가 될 수 없다. 오늘날 설교나 교회의 성명서가 예언자의 말이나 사유방식과 유사하게, 구체적으로 첨예한 정치상황과 연관해서 하나님의 역사행위를 논한다면, 서로 다른 사유형태와 권한이 뒤섞여 있다는 인상을 줄 것이다. 즉, 세속적인 전문지식과 종교언어가 뒤섞여 있어 잘 맞지 않는다는 인상을 준다.

어쨌든 정치 비판에 대해 역사신학적 언어양식을 논증의 근거로서가 아니라 해석적으로 사용하는 것이 의미가 있다. 예컨대 하나님의 심판이나 특별한 하나님 말씀의 권위를 논증에 활용하는 것은 오늘날 정치적 상황에 대한 설득력 있는 비판이 되지 못한다. 지난 수십 년간의 정치 비판이 마르틴 니묄러[02]의 경우처럼 예언자적 옷을 걸친 신학자들에 의해 시행되어 널리 주목받았지만, 그 비판은 경우에 따라서는 비판가의 도덕적 권위와 연결되었고, 정치상황에 대한 현안문제를 파악할 능력보다는 신적 권위에 의존했기 때문에 영향력이 크진 않았다.

정치 비판을 담고 있는 옛 예언은, 비록 오늘날의 의미에서 정치적 전문지식이 그 안에 내포되어 있다고는 해도, 현실에 맞는 첨예화와 예리함을 가지고 이스라엘의 종교적 전통에 근거하여 논증할 수 있었던 반면, 오늘날 정치 비판에 관한 논증에는 오직 세속적인 전문지식만이 권위를 가질 수 있다. 하지만 그러한 전문지식은 가치중립적인 기술의 방식으로 작동하지 않기에, 적어도 현재 상황에 비판적인 공격을 가할 때, 그의 분석적 활동을 드러내고 이끄는 그 비전을 어디에서 가져왔는지를 묻게된다. 정치적 태도들을 민족주의적 확신의 빛에서 보고 판단할 것인지, 아니면 민주적 다원주의의 빛에서, 또는 마르크스적 당파성에서, 또는 그리스도교적 역사신학의 빛에서 보고 판단할 것인지에 따라 차이가 난다.

각기 상이하게 조명되었지만, 차이점은 유의미한 것으로 드러나며 눈에 띈다. 하지만 이런 서로 다른 조명을 가지고 논증해서는

02 Martin Niemöller(1892-1984). 히틀러에 저항하던 교회투쟁시기에 히틀러의 인종주의에 항거하다 투옥되었던 독일 루터파 목사.

안 되며, 각자의 빛 속에서 가시화되는 것을 가지고 논증해야 한다. 조명들은 이것을 가능하게 한 빛을 대변할 뿐이다. 상황분석과 비판적 판단력 형성의 뿌리들이 드러나는 것이 관건이며, 이것들을 이끌고 온 관점이 공개되고, 최종적인 의미연관 안에 자리매김하는 것이 중요시될 때, 신학적 범주들도 비로소 의미 있는 기능을 할 수 있다.

하지만 이것과 함께 정치 비판을 가능케 하는 신학적 관점 자체의 근거를 묻는 질문이 제기된다. 물론 여기서 옛 예언이 직접적인 표본이 될 수는 없다. 그리스도인에게 이것과의 관계는 예수를 통해 매개되며, 예수는 자신을 예언의 종말로 이해했던 것처럼 보인다. "모든 예언자와 율법의 예언은 요한의 때까지니라."(마태 11:13) 이것은 예언이 요한, 즉 새로운 엘리야를 겨냥할 뿐 아니라 요한이 새로운 엘리야로서 전적으로 예언자들의 육화라는 사실을 뜻한다. 그는 예언자이며 마지막 예언자로서 동시에 "예언자보다 나은 자다."(마태 11:9)

이 말씀을 예수에게 돌리면, 그는 자신을 예언자로 이해하지 않았다. 그의 등장과 함께 오히려 예언이 말해왔던 하나님 자신의 오심이 시작되었다. 예수 안에서 모든 예언자적 언설의 궁극적 목적, 곧 통치를 위한 하나님의 오심이 이미 사건이 되었다면, 그의 등장은 예언의 종말이다. 그리스도교는 이 뒤로 물러설 수 없다. 예언자적 선포를 대신하여 그리스도교 신학에서는 예수를 통해 이미 사건이 된 것에 대한 해석이 등장한다. 무엇보다도 사건이 된 것은 예수 안에서 예언자들이 말해왔던 하나님 통치의 궁극적 도래이다. 따라서 예수는 예언이 빗나갔다는 의미에서 예언의 종말이 아니라, 그와 함께 예언이 성취되었다는 점에서 예언의 종말이다. 이것은 또한 역사와 예언의 관계, 예언자와 정치 비판의 관계에 대한 그리스도교적 판단에도 유효하다.

예수의 등장과 운명 안에서 하나님 통치의 현존과 함께 태동한 역사의 종말이 나머지 세계에서는 여전히 아직 오지 않았다는 사실을 또한 간과해서는 안 된다. 나머지 세계에 역사의 종말은 아직 미래이다. 이런 의미에서 요한복음이 그리스도의 나라, 곧 하나님의 나라를 이 세상의 나라들과 대립시킨 것은 전적으로 옳다. 하나님 통치의 미래성은 기존 세상의 세속성을 자유롭게 놓아두지만, 이 미래성은 또한 이 세상의 미래로서 예수의 메시지와 역사 안에서 이미 현재를 규정하는 것이었고 예수 안에서 이미 그렇게 태동되었다. 따라서 예수 안에 발생한 사건에 대한 그리스도교의 선포는 세속성을 인정받고 더는 종교적으로 규정되지 않는 세상을 향해, 하나님의 미래의 빛 안에 있는 고유한 미래에 대해, 즉 가능하고 절실한 세상의 변화에 대해 항상 반복해서 말해야만 한다.

그리스도의 복음이 인간과 정치에 대해 갖는 연관성에서 결정적인 것은 예수의 메시지와 역사에 담긴 종말론적 의미를 이해하는 것이다. 즉, 어떤 의미에서 역사의 종말을 예수와 함께 태동한 것으로 여길 것인가 하는 점이다. 역사의 종말이 단지 역사의 단절로 생각된다면, 그리스도교의 경건은 이 세상과의 연관성들, 특히 사회적이며 경제적이며 정치적인 문제점들로부터 당연히 단호하게 물러서야만 한다. 그렇다면 그리스도교의 경건은 자신의 사회적인 삶의 형태를 지극히 사적인 일이나 순수 종교적인 특수공동체 안에서 찾게 될 것이다.

하지만 세상과 그 역사의 종말이 예수 안에서 시작되었다는 것을 세상과 역사의 완성으로서 긍정적으로 생각한다면 – 이것은 하나님의 심판을 통해 정화되고 하나님의 현존을 통해 변화된 세상 안에서, 이 세상의 종말로부터 기대되었던 인간의 부활과 유비적이다. – 그리스도교의 경건은 현재하는 모든 것이 그것의 완성을 향해 변화되는 것을 기대해야 한다. 왜냐하면 특별히 그리스도교적 신앙에서는 저 종말이 이젠 단순히 미래로서만 기대되는 것이 아니고 오히려 이미 현재를 규정하는 것으로, 그리고 그렇게 현재적인 것을 변화시키는 능력으로 활동하고 있다. 이것은 예수 자신의 출현과 그의 역사에서 읽을 수 있는 것이며, 따라서 그리스도인들에게도 유효하다.

현재적 삶을 이미 변화시키는 능력은 예수 안에 있는 하나님의 현실성이며, 이것은 신앙으로 붙잡게 된다. 이러한 능력은 초기 그리스도교에서는 거의 개인의 태도에 대해서만 유효한 것으로 이해되었다. 예컨대 바울이 로마서에서 세례받은 자들은 자신의 지체를 의로움의 종으로 바쳐 거룩함에 이르게 하라고 할 때 그렇다.(롬 6:19) 개개인이 "마음을 새롭게"(롬 12:2) 해야 하지만, 이와 유사한 언급을 인간 공동생활의 사회 제도적 영역에서 찾을 순 없다. 나중에 두 왕국론에서도 성화를 개인적 영역으로만 제한함으로써 개별적인 활동만 강조하던 그리스도교 신앙의 일방적인 전개를 공고하게 만들었다. 하지만 이것은 가까이 오신 하나님의 통치를 선포한 예수 메시지의 폭에 적합하지 않다.

초기 그리스도교가 그리스도 안에 있는 하나님 통치의 현존으로부터 그리고 신앙을 통해 그리스도와 결합된 자들을 위해, 이미 이뤄진 현재 삶의 변화와 쇄신을 시종일관 단지 개인적인 태도에 관해서만 주장했던 것은 한편에서는 초기 그리스도인들의 예속상황 때문이며, 다른 한편에서는 초기 그리스도교의 임박한 종말 기대 때문이다. 초기 그리스도교는 종말이 예수의 부활과 함께 이미 시작되기에 기존 세계의 종말이 금방 이뤄질 것으로 생각했다. 따라서 제도적인 개혁을 위한 시간이 더는 없다고 보았다.

초기 그리스도교의 이 두 가지 특별한 조건을 비중 있게 고려한다면, 신약성서의 일반적인 평화요구와 복종요구 안에 있는 "전형적인 예속의 도덕"[03]을 사실상 한스 폰 캄펜하우젠(Hans von Kampenhausen)과 함께 사회적 과제를 위해 근본적으로 긍정적인 방향정위의 표시로 읽어야만 할 것이다.

신약성서의 단지 수동적이기만 한 피억압자의 도덕이 모든 그리스도인의 태도에 지속적으로 구속력이 있는 것으로 오해되어서는 안 된다. 왜냐하면 이 도덕은 모든 능동적인 정치적 책임으로부터는 멀리 떨어진 첫 번째 그리스도인들의 예속상황을 조건으로 하고 있기 때문이다. 따라서 이 도덕은 정치적 기능을 맡은 자들이

03 예속의 도덕은 Untertanenmoral의 번역어이다. 예속이라는 단어는 로마제국의 지배 아래 있었던 팔레스타인의 상황을 염두에 두고 있다. 이것은 니체의 노예도덕(Sklavenmoral)과는 전혀 무관하다.

그리스도교로 전향한다든가 정치적 직무가 그리스도인들에게 주어졌을 때는 변화되어야만 했다. 또한 종말에 대한 초기의 임박한 기대가 약해지고 나서 그리스도인들은 이 세상이 더 오랫동안 지속된다는 사실에 익숙해지는 법을 배웠고, 사회 구조의 변혁에 관한 질문도 하나님의 통치에 이미 현재 참여함으로써 가능한 것이 될 수 있었다.

하지만 불운하게도 그런 식으로 전개되지 않았다. 분명 그리스도교는 특별히 콘스탄티누스적 전환 이후 그리스도인들에게 주어진 사회적이며 정치적인 책임의 과제에 사실상 개방되었다. 물론 기존의 사회적이며 정치적인 지위들과 제도들이 전혀 바뀌지 않은 채로 수용되었다고 할 수는 없지만 그리스도교가 철학적 신론에 동화되었던 상황과 유사하게, 그리스도교 이전의 지위들이 그리스도교에 이식될 수 있었던 곳에서 아주 깊게 바뀐 것은 아니었다. 따라서 황제와 그의 통치가 정복당하지 않는 태양의 모상(模像)으로 여겨지지는 않았지만 이제 천상의 왕이신 그리스도의 지상적 대리로 간주되었다.

이것이 신학적으로 가능하게 된 것은, 이미 후기 예언서와 묵시문학이 세계제국을 통상적으로 야웨 통치를 기다리는 자리로 간주했기 때문이다. 그렇지만 황제에 대한 그리스도교의 해석은 분명 이념적인 꼬리표의 단순한 교체 그 이상이었다. 왜냐하면 이전에 신으로 간주되던 황제도 이제는 그 신하들과 마찬가지로 그리스도를 통한 구원을 필요로 하는 인간으로, 즉 교회의 중재를 통해서만 구원에 참여할 수 있는 인간으로 간주되었다. 이미 비잔틴

제국에서 주교들의 인격 안에 놓인 교회의 고유한 위엄과 권위는 그리스도교 이전의 로마에서도 비교할 대상을 찾을 수 없었다. 이로 인해 다방면에서 결정적인 결과들이 나왔는데, 심지어 비잔틴에서는 올바른 신앙에서 벗어난 황제에 대항하여 백성이 봉기할 권리까지 주어졌다.

그럼에도 통치구조의 변화가 어디까지나 충분히 깊게 이뤄지지는 않았다. 예수의 활동과 역사에 나타난 하나님의 통치는 사랑이었고, 그런 방식으로 예수는 하나님의 이름으로 하나님 통치에 예속된 자들과 또한 이러한 통치에 대항하는 불량자들과 식탁의 교제를 원했고 이들을 또한 자신과 동등하게 여겼다. 게다가 그들을 섬기며 이러한 교제를 통해 그들이 하나님의 통치에 참여하게 했으며, 또한 다스리는 자와 다스림을 받는 자의 대립을 지양했다. 이로써 역설적으로 하나님 통치의 본질은 다스리는 자와 다스림을 받은 자의 대립이 제거되는 것이었고, 이것은 어떤 의미에선 통치 자체가 지양된다는 의미였다. 이 모든 것은 로마제국이 그리스도교화 되었을 때, 그리고 나중에 신앙으로 통일되고 정치적으로 그리스도교가 권력을 가졌던 시기에도 진지한 후속조치 없이 그대로 이어졌다.

하지만 하나님의 통치는 그 본질에서 통치의 지양으로 이해되지 않았다. 그 대신에 천상의 왕을 군주가 대리하는 것으로, 그리고 나중에는 황제를 대신하여 그리스도의 대리자로 불렀던 교황이 대리하는 것으로 이해되었다. 이것은 원상과 모상의 관계로서 결코 깰 수 없는 신적 질서였고 완전한 신분체계를 갖춘 위계질서로 확장될 수 있었다.

군주제를 신적 통치의 모상으로 이해한다는 것에서 우리는 질서에 관한 사유의 기본형태를 우리 앞에 가진다. 이것은 고대의 유산을 발전시킴으로써 사회 구조들을 그리스도교적으로 수용하거나 해석하는 특징을 가지며, 오늘날까지도 영향력이 있는 사유이다. 질서란 단지 사회 내의 인간관계에서 근본적으로 변화되는 규율만이 아니라, 오히려 신적인 것에 근거해 있기에 거룩하고 손댈 수 없는 인간의 지위에 관한 형태를 뜻한다. 질서에 관한 사유의 다른 형태는 중세의 두 권력론(Zwei-Gewalten-Lehre)에서 나왔고, 이미 고대교회에서 그 출발점이 언급된 적이 있었다. 영적 권력을 통해 세상의 제국을 제한함으로써 영적 권력에 세속적인 통치의 특징, 곧 권력의 성격까지 부여하고자 했다. 하지만 이로써 또한 영적 권력은 실질적으로 영적인 것으로 이해해야 하고, 아우구스티누스적 사유를 따라 그리스도 통치의 현재적 형태라는 의미에서 이해되어야 한다는 자극을 받았다.

그리스도 통치의 영적인 성격을 다양하게 변형된 성직 통치와 날카롭게 대립시켰던 것은 루터가 주장한 두 왕국론(Zwei-Regiment-en-Lehre)의 소득이다.[04] 루터는 중세의 유산인 영적인 개혁적 마음가짐을 자기 방식으로 이해한 두 권력론으로 수용했다. 하지만 이

04 앞서 말한 두 권력론은 세속 군주나 황제와 교황 사이에만 적용된 것이 아니라 성직자와 평신도 사이에도 적용되었다. 결국 영적 권력은 성직계급에게 주어진 것이기 때문이다. 하지만 루터는 만인 사제직을 통해 이러한 구분을 폐기시켰다. 판넨베르크는 여기서 루터의 두 왕국론을 기존의 용어(Zwei-Reiche-Lehre)와는 다르게 표기한다.

로써 그리스도의 통치영역을 교회와 일치시키게 되었고, 그 결과 고대교회와 중세교회의 제국이념과는 달리 정치적 통치는 이제 그리스도의 통치에서 거의 완전히 배제되거나 그리스도 안에 있는 하나님의 현재적 통치에서 제외되었다. 그리고 정치적 통치는 그리스도와 구원질서(Erlösungsordnung)[05]에 간접적으로 연관된 인간을 보호하는 과제에만 치중했다. 게다가 그리스도교의 정신은 세속적 직무를 가진 그리스도인의 인격에는 영향을 줬지만 그 직무 자체의 의미를 규정짓진 못했다.

세속 권력이 이렇게 세속화됨으로써 예기치 않게 영방국가의 차원에서 그리고 나중에는 절대주의와 민족국가의 차원에서 이러한 정치권력의 해방이 촉진되었다. 따라서 이러한 두 왕국론에는 모호함이 놓여 있다. 근원적으로는 제국주의적인, 그리스도교적 군주제에 대한 생각과 마찬가지로 많은 차이점이 있지만 여기서는 정치적, 사회적 삶의 질서모델이 중심주제로 다뤄지고 있다는 점이 무엇보다도 우리가 숙고해 온 맥락에서 관심을 끈다. 이제 세속권력의 통치구조는 손상 없이 유지된다. 심지어 세속권력에 약간의 변화를 주려고 하는 그리스도 통치의 영향까지도 확고하게 차단된다. 그 특징은 루터가 매우 잘 인식했던 것처럼, 모든 통치의 지양이었다. 구원질서에 대해 정치권이 독립성을 갖게 된 반면, 정치권은 그 대안으로서 그리스도 통치 자체를 구현하려는 시도

---

05 창조질서와 짝을 이루는 개념이다. 하나님께서 그리스도를 통해 죄인을 구원하시는데, 일반적으로 칭의, 성화 그리고 영화의 서정을 따른다고 보는 개념이다.

를 정치적 질서체계로서 간주했던 것으로 보인다. 특히 이런 일은 "열광주의자들"이나 더 우아한 형태로는 세속화된 교황권에 대해 일어났다. 하지만 루터가 이런 것들을 그리스도 통치의 영적 의미를 왜곡한 것으로, 그리고 모든 세속적인 질서의 임시적 성격을 왜곡한 것으로 여겨 정당하게 거부했다.

II

하지만 잘못은 질서(Ordnung)를 생각한 것에 있다. 그리스도교 윤리는 질서의 윤리 대신에 변화의 윤리여야만 한다. 개인적 태도의 영역에서 회개, 의미변화, 정신의 쇄신, 성화는 사실상 초기 그리스도교 이래로 그리스도교 윤리의 주된 내용이었다. 하지만 사회구조의 영역에서 이러한 관점은 나중에 그리고 산발적으로 확산되었다. 사회는 확실히 결정적인 형태로 그리스도 통치의 영역으로서 자리 잡지 못했다. 하지만 개별 그리스도인에게는 그렇지 않다. 개별 그리스도인이 여전히 옛사람으로 머물러 있다고 해도, 신앙에 사로잡힌 새사람의 현실에 점차 잠식당하듯이, 사회적 삶에서도 그리스도교적 역동성은 꿈틀거려야만 하고, 지배하는 자와 지배당하는 자의 차이, 그리고 통치체계 간의 갈등을 당장 내일 제거하지는 못하겠지만, 현재 상황을 변화시킬 길을 열 수 있어야 할 것이다.

이러한 의미에서 17세기 영국과 미국의 그리스도인들은 하나님 앞에서의 평등과 그리스도 안에서의 자유를 정치적 사안들의 원칙으로 삼고자 했으며, 그리스도의 왕적 직분과 제사장 직분에 참여하는 자로서 세상적인 공생의 규율을 만들고자 했지, 신을 대신해서 독자적으로 행동하는 통치자의 특권을 유지하고자 하지는 않았다.

여기서 이와 더불어 발생한 근대의 입헌민주국가들의 구조와 문제점을 상술하지는 않겠다. 하지만 그리스도교의 변화의 윤리가 공적인 삶의 영역에서 관철되었다는 사실과 어떻게 그게 가능했는지는 주목해 봐야만 한다. 그리스도에 대한 신앙이라는 종교적 의식에서 상호적 인간관계에 관한 비전이 자라났고, 이 비전은 그리스도에게 참여하고 있음을 신뢰함으로써 정치적 행동과 기존 제도들의 변화에도 이미 활용될 수 있었다. 물론 인류의 형제애적 공생의 비전이 평등한 자유 안에서 이미 결정적으로 현실화된 것은 아니었다. 오히려 인류의 자유와 평등을 더욱 완전하게 이루기 위해서 기존의 정세를 항상 다시 부분적으로나마 변화시키는 것이 필요하다. 어떤 상황에서는 특정한 상태가 인류의 자유와 평등의 심각한 방해요소로 다가온다. 따라서 이런 상황을 변화시킴으로써 인류애의 실현을 위해 현재 필요한 또 한 걸음을 내디딘 셈이 된다. 하지만 그 이후에 인간을 자기 숙명의 실현[06]으로부터 분리시키는 요소들이 집중되어 있는 상황을 주목할 필요가 있다.

---

06 여기서 인간의 숙명(Bestimmung der Menschen)은 하나님에 의해 부여된 인간의 존엄성을 뜻하며 폐기될 수 없는 자유와 평등을 의미한다.

변화의 윤리는 인간과 그의 삶의 정황들을 하나의 과정으로 생각한다. 이 윤리는 '사실적으로 인간이 무엇인지'에서 '그가 무엇일 수 있으며 그의 숙명에 따라 무엇인지'로 옮겨가는 그 여정에서 인간을 본다. 따라서 매순간의 역사적 상황과 역사의 경과를 단절없이 관찰해야 한다. 신학은 여기서 세상적 삶의 현실을 낯선 영역으로 생각하여 전문지식에 떠넘겨버리지 않는다. 오히려 여기서는 기존 상황의 변화가 관건이다. 가능하고 필수적인 변화의 출발점으로서 기존의 상황은 윤리적 숙고의 대상이다. 사건의 전개 속에서 계속 일어나는 일들은 인간화라는 의미에서 상황의 변화가 성패를 보여준다. 실패일 경우에는 잘못된 것을 제거하기 위해 그 원인과 방법을 찾아야만 한다. 하지만 진행된 방법이 효과가 있을 때도 새로운 난점과 과제가 생긴다. 그러므로 그리스도인의 사회적 활동은 개인의 성화와 마찬가지로 바닥 상태에서 시작할 수 없으며 그리스도교적 현존재의 실현이라는 역사 안에 있어야 하고 오직 이를 성찰함으로써 고유한 역사적 경험으로부터 배움의 과정 안에서 전진할 수 있다.

변화의 윤리에서 역사의 과정은 이제 인간이 단지 수동적으로만 수용하고 경험하는 사건이 아니라 오히려 인간 행위의 장으로서 여겨지며, 역사 안에서 일어나는 하나님의 활동은 인간과 경쟁 관계가 아니라 인간의 행위를 통해 일어나는 것으로 평가된다. 하지만 하나님은 인간의 성공과 실패 안에서 풍성한 미래의 힘으로 활동하신다. 인간의 행동이 자신의 숙명에 대해 개방되어 있을 때, 인간의 행동은 하나님의 풍성한 미래의 힘으로부터 영감을 얻는다. 하지만 자신의 숙명에 대해 폐쇄적일 때 인간의 활동은 이 미래의 힘에 부딪혀 좌초한다.

우리 자신이 인간의 숙명을 전적으로 좌우할 수 없으며, 오히려 그것을 인지하고 가까이 다가가 실현하기 위해, 개개인을 개방하고 또한 서로를 통일시키는 자유로운 영의 활동하심에 의존해 있다. 하지만 이 영은 우리 마음대로 처분할 수 없는데, 인간은 영에 대해 자신을 닫아두고 자기 현존재의 의미를 상실할 수도 있다. 이것을 염두에 두고서 신학은 전통적인 단어들, 곧 역사 안에서의 하나님의 은혜와 하나님의 인내 혹은 심판이란 단어를 사용할 수 있다. 역사적 경험의 차원은 이런 범주들을 통해서만 올바르게 이해되고 적합하게 표현된다. 이런 점에서 역사신학의 위대한 용어들은 대체 불가능하며, 교환할 수 없다.

하지만 예언자적 언어를 숙고할 때 주의해야 할 것이 있다. 역사 안에서의 하나님의 은혜와 인내 혹은 심판이라는 이 명예로운 범주들은 인간학적인 실상의 해석으로서만 유의미하고 이해될 수 있지, 이로 인해 어떤 특별한 신학적 깨달음에 도달한다고 하더라도 이 범주들을 마치 비매개적으로 그 자체로 주어진 실상으로, 합당하게 논증될 수 있는 것으로 이해해서는 안 된다.

사회적 전환의 윤리라는 틀 속에서 혁명이라는 주제는 사회규범의 근본적인 변화로서 특수한 경우가 된다. 변화의 윤리에서 이러한 문제는 질서의 윤리와는 다르게 설정되어야만 한다. 후자가 기존의 질서와 신이 원하는 질서의 보호를 위해 전쟁은 허용하면서 이러한 질서의 전복은 무조건 거부하는 반면, 인간의 상태를 바꾸려는 변화의 윤리는 이와는 반대로 인간 존중의 사회를 더욱 지향한다. 따라서 혁명을 사회 변화 과정의 최후 수단으로 배제하지 않지만, 사회의 상호관계 안에서나 그 내적 구조 안에서 변화를 위한 기제들이 충분히 형성될 때는 모든 민족의 공통적 노력을 통해 전쟁의 상황들은 폐지되어야 하고, 폐지될 수 있다.

근대의 입헌민주국가적 형태의 특징은 헌법적 구조 안에 변화의 가능성을 함께 고려하고 제도적 장치를 마련하고 있다는 점이다. 따라서 이런 사회에서는 혁명적 전복의 필연성이 경직된 사회, 즉 성스러운 질서나 독재적인 통치로 구조화된 사회보다는 아마 훨씬 적을 것이다. 입헌민주국가의 합법적 제도들이 사회 변화의 가능성을 충분히 제공하지 못하거나 그 가능성을 지배그룹이 독점해 버려 제기능을 발휘하지 못할 때, 민주주의라는 형식 안에서 혁명, 곧 근본적인 사회체제의 변화가 폭력 없이 일어나거나 특별한 경우 폭력을 동반하여 일어날 수도 있는데, 이것은 윤리적으로 정당하고 때에 따라 가능한 일이다.

정치문제에 대해 거리를 두던 기존의 그리스도교적 태도의 변화는 사회 변화의 윤리가 적용될 때 가능하다. 마지막으로 이러한 그리스도교적 방향정위나 특히 그에 상응하는 정치활동을 대부분 방해해 왔던 근대의 사회적 상황에 대해 좀 더 언급할 것이 있다.

중세의 두 권력론에서 유래한, 종교와 정치를 양분하려는 근대의 신학적 경향은 종교적 신앙고백들을 근대 법체계 안에서 사사화(私事化)하려는 사회적 과정과 결합되었다. 근대에 종교는 개인적인 일로 간주된다. 이것은 정치적 논의와 행위에 종교적 목표설정과 논거를 끼워 넣어서는 안 된다는 편견에 가장 강력한 근거를 제공한다. 종교의 사사화로 인해 근대의 로마가톨릭 교회조차도 어쩔 수 없이 정치생활에서 거리를 두었다. 종교적인 것을 사적 영역에 제한함으로써 정치제도에 대한 그리스도교적 영향을 제한했을 뿐 아니라 마치 종교가 일반적으로 구속력 있는 진리와는 상관없이 개인적이고 주관적인 입장과 관련된 일이라는 인상도 주었다.

근대에 그리스도교의 신앙고백을 사사화하는 과정을 정당하게 평가하려면, 역사적으로 16세기와 17세기의 종파분열과 종파전쟁의 후속현상을 주목해야만 한다. 이 시기에 종교적 일치성을 더는 강요할 수 없는 지역에서는 상대의 신앙형태에 대해 권위적인 배타성을 갖고 논쟁을 펼쳤고 이러한 논쟁을 이전에는 당연하게 여겼다. 하지만 그 결과 이제 국가의 정치적 통일성을 종교에 기초할 수는 없게 되었다. 정치적 통일성이 위협받지 않기 위해서는 국가는 자립하여 종교적 차이를 시민들의 사적 영역으로 추방해야만 했다.

자기 자신을 모든 합리적인 논거에 대해 유일하게 참된 것으로 선포하고 따라서 다른 고백들에 대해서는 원칙적으로 용인하지 못했던 모든 권위적인 그리스도교에 대해 국가와 종교의 분리를 향한 발걸음은 과거나 지금이나 불가피하게 되었다. 16세기에 그리스도교는 관용의 문제나 고유한 그리스도교적 동기에서 관용의 근거를 마련하는 일을 해결하지 못했다. 왜냐하면 다양한 종파의 입장이 그리스도 안에서 계시된 하나님의 현실에 대한 신학적 인식이 상대성과 잠정성을 갖는다는 사실을 인정하지 못했기 때문이다. 따라서 종교를 사적 영역으로 추방함으로써 시민적 삶에서라도 관용이 이뤄지도록 해야만 했다.

국가와 교회의 분리가 역사적으로 그토록 필수적이었고, 아직 다원적이지 않은, 모든 권위적인 형태의 기독교에 대해 여전히 오늘날에도 이러한 분리가 그토록 필수적이라고 한다면, 우리는 분리로 인해 발생되는 문제들을 분명 교회만이 아니라 사회를 위해서도 고려해야만 한다.

그리스도교의 신앙고백과 국가를 분리시키면, 사회통합을 위한 정신적 기반에 관한 질문은 해답 되지 않은 채 남게 된다. 하지만 이것은 본래 종교사회학적 주제이다. 종교사회학적 의미에서 종교는 정신적 통일성, 특히 한 사회의 가치관에 통일성의 기반을 마련하는 것으로 정의된다. 그리스도교의 신앙고백을 사적 영역으로 추방했다고 해서, 정치적 생활이 종교적으로 중립적이라는 뜻은 아니다. 오히려 정치적 영역에서 종교의 사회학적 기능은 그리스도교의 종파들과는 다른 견해를 가진 것에 넘겨졌다.

근대적 입법국가들 중에는 우선적이고 공식적으로 오늘날 독일의 기본법에 이르기까지 일반적인 그리스도교적 유신론이 그 안에 다소 희미하게나마 들어 있다. 그나마 이것은 그리스도교가 종파적으로 분리된 조직체들과는 달리 공적인 제도상에 자신을 드러내고 있는 유일한 형태다. 하지만 이러한 일반적인 그리스도교적 유신론을 대신해서 이미 17세기와 18세기의 법적 현실에서는 국가에 대한 신앙, 즉 절대주의 또는 민족주의가 널리 자리하게 되었고, 나중에는 다른 이념들이 뒤따라왔다. 이데올로기 비판적인 오늘날의 서구 사회를 볼 때, 아무런 근거 없이 다음의 주장이 제기되는 것은 아니다. 개인적인 현존재의 실현과 개인적 이득이 이제 개개인을 통합하는 마지막 공통분모이며, 모든 다른 것, 종교, 예술, 과학까지도 구속력 없는 그저 소모품이 되어버렸다. 이처럼 공적인 가치를 지닌 것으로 모든 인간에게 속해 있던 것을 개인적 이득의 원리로 축소시키는 일은 인간적으로 견딜 수 없다. 이것은 오늘날 청소년들의 불안감의 핵심적 요인을 형성하고, 스탈린의 통치체제를 불신하지만 사회주의 이념에 새롭게 매혹되는 핵심적 요인을 형성하는 듯 보인다.

따라서 국가와 종교의 분리가 국가를 위해, 즉 공적 삶을 위해 결국 유지될 수 없는 일인 것처럼, 종교적 진리를 사적 영역에 축소하는 것 또한 그리스도교에선 근본적으로 참을 수 없는 일이다. 왜냐하면 그리스도교는 한 분이신 하나님의 계시를 모든 사람에게 선포하며, 따라서 모든 사람에게 구속력 있고, 경향상 하나 되게 하는 요구를 한다는 점에서 그리스도교의 역동성이 솟아나기 때문이다. 하지만 이러한 역동성은 그리스도교를 사적 영역의 주관적인 임의성으로 축소함으로써 파괴되었다. 지난 수십 년간 우리의 삶과 그리스도교 신앙이 관련성이 없다는 감정이 자라난 것은 신앙을 사적 영역으로 축소해 버린 일과 긴밀하게 연관되어 있을 것이다.

국가와 교회의 분리를 보존해야 하는 것, 포기하지 말아야 할 것으로 존중하는 이러한 상황에서 과연 탈출구가 있는가? 어쨌든 초(超)교파적이며 더는 권위적이지 않은 그리스도교의 지반 위에서만 국가와 사회의 관계성을 새롭게 질문할 수 있을 것이다. 따라서 에큐메니컬 운동은 그리스도교의 사회적이며 공적인 연관성의 문제에 직접적인 의미를 지닌다. 그리스도인들이 자신의 다원주의 문제[07]를 해결할 수 있다면, 그들은 이와 함께 아마도 다양성과 포괄적인 영적 통일성의 결합을 위한 모델을 또한 정치적 영역을 위해서도 만들 수 있을 것이다.

종교와 정치의 이원론은 근대에 광범위한 영역에서 편견으로 굳어져 버렸는데, 이것은 종교사회학적인 전제, 곧 근대에 생겨난 종교의 사사화가 지닌 가치를 상실함으로써만 극복될 수 있다. 이 이원론은 그리스도교 자체가 권위적인 삶의 형태와 사유형태에서 성장했을 때만 가능하다. 그때는 여전히 종파적인 색채가 그리스도교에 달라붙어 있다. 따라서 그리스도교가 자신의 종파적인 주장을 위해 투쟁하지 않고 오히려 그리스도교의 관점으로 정치적 논의에서 인류애를 위한 요구를 더욱 힘차게 진술한다면, 정치신학이나 그리스도인의 공적 책임성을 위한 오늘날의 노력이 점점 더 널리 호응을 얻게 될 것이다.

---

07 여기서 그리스도교의 다원주의란 다양한 종파(대표적으로 가톨릭과 개신교, 정교회)로 나뉘어 있는 그리스도교의 상황을 의미한다.

출처

제1장 *Unser Leben in Gottes Hand?*
Dialog mit dem Zweifel, hg. von G. Rein, Kreuz Verlag Stuttgart 1969, 78–83 (unter dem Titel: Unser Leben, unsere Geschichte in Gottes Hand?).

제2장 *Das Wirklichkeitsverständnis der Bibel*
Der Mensch in der Wirtschaft. Mitteilungen der Gesellschaft der Freunde christlicher Akademie–Arbeit e. V. 11, 1961, 19–27 (unter dem Titel: Die Wirklichkeit im Sinne des Schöpfer–Gottes).

제3장 *Der Geist des Lebens*
unveröffentlicht, english in Theology 75, 1972, 8–21.

제4장 *Der Mensch - Ebenbild Gottes?*
Radius Heft 1, 1960, 18–27.

제5장 *Wie wird Gott uns offenbart?*
Radius Heft 4, 1960, 3–10.

제6장 *Jesu Geschichte und unsere Geschichte*
Radius Heft 1, 1960, 18–27.

제7장 *Er wird unser Gott sein*
Radius Heft 4, 1961, 3–10.

제8장 *Die Offenbarung Gottes und die Geschichte der Neuzeit*
Das unveränderte Evangelium in einer veränderlichen Welt (4. Deutsch. Ev. Akademikertag), Der Kreis H.3, 1962, 7–21.

제9장 *Nation und Menschheit*
Monatsschrift für Pastoraltheologie 54, 1965, 333–347.

제10장 *Politische Sachfragen und christliche Ethik*
EvKomm 1, 1968, 688–699; Diskussion zur "politische Theologie", hg. von H. Peukert, Chr. Kaiser München 1969, 231–246 (unter dem Titel: Geschichtstatsachen und christliche Ethik).

역자 후기

볼프하르트 판넨베르크(1928-2014)는 바르트와 불트만, 본회퍼와 틸리히의 뒤를 잇는 세계적인 신학자 중 한 명이다. 그의 부모님은 교회와 다소 거리를 두고 계셨고, 따라서 그는 어린 시절 교회 교육과는 무관한 시간을 보냈음에도 스스로 신학의 길을 걸어간 특이한 이력을 소유했다. 제2차 세계대전 이후 그는 베를린, 괴팅엔, 바젤, 하이델베르크에서 신학과 철학을 공부했고, 폰 라트의 구약신학에 영향을 받았으며 특히 바젤에서는 바르트에게서 배우기도 했다. 1953년에 하이델베르크대학교에서 중세 신학자 둔스 스코투스의 예정론을 연구하여 박사학위를 받았고, 1954년에 책으로 출간되었다. 1955년에 유비와 계시의 관계를 교수자격 논문으로 작성하여 제출한다. 교수자격논문은 수정 보완하여 2007년에 책으로 출간되었다. 이후 1958년에서 1961년까지 부퍼탈신학대학교에서 교수생활을 시작하여, 1961년에서 1967년까지는 마인츠대학교에서 학생들을 가르쳤고, 1967년에서 1994년 은퇴할 때까지 뮌헨대학교 개신교 학부에서 교수로 봉직했다. 또한 시카고대학(1963)과 하버드대학(1966), 클레어몬트신학대학(1967)에서 방문교수를 지냈다.

판넨베르크는 1961년에 동료들과 함께 『역사로서의 계시』(*Offenbarung als Geschichte*)을 세상에 내놓음으로써 자신의 이름을 신학계에 뚜렷하게 각인시켰다고 할 수 있다. 그는 이전 신학자들의 계시 이해를 한편에선 수용하면서도 계시 인식의 방법을 비판한다. 그에게 계시는 헤겔과 바르트와 마찬가지로 하나님의 자기계시(Selbstoffenbarung)로서 하나님 자신이 자신의 본질을 드러내는 사건이다. 하나님은 계시의 주체이면서도 계시의 내용이다. 하지만 그에게 하나님의 자기계시는 성서 증언에 따르면 직접적이지 않고 간접적이며 매개적으로 인식된다. 하나님은 역사를 매개로 해서 자신을 드러내며, 역사의 진행 과정 속에서 늘 새롭게 자신을 드러낸다. 역사 속에서 인간은 하나님을 경험하고 표현한다. 판넨베르크는 기존의 계시 인식 방식을 주관주의적이고 영지주의적이라고 비판하면서, 하나님이 현현하고 인간이 하나님을 만날 수 있는 객관적 지평으로서 역사 전체를 주목한다. 따라서 인류사는 하나님 현현의 역사로서 계시사이고 하나님 경험의 역사로서 종교사이다. 하지만 이러한 하나님 현현이나 하나님 경험 자체가 아직 하나님의 자기계시는 아니다.

역사 속에서 경험된 다양한 하나님 경험들 중 과연 무엇이 진정으로 참된 하나님 인식과 표현인가? 판넨베르크에게 하나님이 자신이 누구인지를 명확하게 해명하는 하나님의 자기계시는 역사의 종말에 일어난다. 하나님의 자기계시가 종말론적이라면, 역사 안에서 경험된 신 인식들은 잠정적인 성격을 지닐 수밖에 없다. 판넨베르크에게 하나님의 간접적이며 역사적이고 종말론적 계시는 성서가 증언하는 하나님의 나타남과 모순되지 않는다. 특히 역사 전체를 포괄하는 묵시문학적 역사이해에서 볼 때, 역사의 종말은 죽은 자들의 부활과 함께 일어나며, 이때 하나님은 자신이 누구인지 분명하게 계시하실 것이다, 그런데 신약성서가 증언하는 예수의 부활은 역사의 종말에 일어나야 할 죽은 자들의 부활의 첫 열매라는 점에서 예수의 부활과 그 부활의 빛 아래 놓여 있는 예수의 역사는 종말론적인 하나님의 자기계시가 선취적으로 일어난 사건이라 할 수 있다. 그에게 예수의 부활사건은 불트만 식으로 실존을 해명하는 의미로서의 역사적 사건이 아니라, 실제 역사 안에서 일어난 종말론적 사건이며 종말론적 하나님의 자기계시가 선취적으로 일어난 사건이다.

따라서 종말론적 사건으로서의 계시 사건이 역사 안에서 일어났다면, 이 사건은 신앙인의 눈에만 보이는 것이 아니라 모든 사람에게 분명하게 인식될 수밖에 없다. 하지만 정말 부활사건은 모든 사람의 눈에 객관적으로 확인될 수 있는 사건인가? 판넨베르크에 따르면 그렇다. 그에 따르면 고린도전서 15장에서 바울도 이렇게 증언하고 있다. 다만 과거에 일어난 사건이기 때문에 오늘날 우리는 여러 가지 추론을 통해 그것을 해명해야 하며, 더 명확하게는 예수의 부활과 짝을 이루는 역사의 종말에 일어날 죽은 자들의 부활사건을 통해 입증할 수가 있을 것이다.

판넨베르크의 신학은 논쟁적이다. 그의 신학이 논쟁적인 이유는 그리스도교의 진리가 주관적이거나 특수한 진리가 아니라 객관적이며 보편적인 진리이기 때문이다. 다시 말하면 그리스도의 진리는 특정한 사람에게 특별한 조건 속에서만 수용되고 인정되는 진리가 아니라, 모든 사람에게 수용되고 입증되어야 하는 진리이다. 또한 보편적인 진리지만 모든 개별 인간존재의 실존과 연관된 진리만이 아니라, 이를 넘어 인류가 함께 경험하는 역사라는 넓은 지평에서 드러나고 입증되어야 하는 진리이다. 따라서 진리 자체이신 하나님을 증언하고 그의 역사를 지시하는 그리스도교의 진리는 여타의 종교들과 학문들이 제시하는 진리주장들과 논쟁함으로써 자기주장의 참됨을 입증해 나가야 하는 과제를 안고 있다.

판넨베르크는 계시 이해와 인식에서 출발하여 현대의 다양한 도전에 직면하여 그리스도교 신학이 해결해야 하는 문제들을 용감하게 대면한다. 무엇보다도 60년대 이후 현대신학의 핫이슈로 등장한 종교 간의 대화 문제를 그의 신학은 비켜 가지 않는다. 아쉽게도 본 저서에는 이 문제를 다룬 논문이 실리지 않았다. 그는 1988년에 출간하기 시작한 자신의 주저인 『조직신학』에서도 이 문제를 놓치지 않고 다루고 있지만, 그 단초는 이미 1967년에 작성한 「종교사 신학에 대한 숙고」(Erwägung zu einer Theologie der Religionsgeschichte)라는 논문에서 잘 나타나 있다. 그리스도교와 타종교의 문제는 그의 신학 체계에서 여러 논문들을 통해 계속해서 다뤄진 주제였다.

다른 한편, 그는 일찍이 현대과학과의 대화도 시도한다. 하나님은 인류의 주님일 뿐 아니라 우주 만물의 창조주이시라면, 우주와 자연, 세계의 이해에 있어서 이를 다루는 자연과학과의 대화가 그리스도교 신학에는 불가피하다고 할 수 있다. 그는 자신의 『조직신학』에서 태초의 창조(creatio originalis)에서부터 창조의 완성(creatio nova)에 이르는 거대한 창조와 구원의 역사를 삼위일체론적 창조론의 관점에서 서술한다. 자신의 신학체계 속에서 그는 자연과학과의 대화를 시도하는데, 이 또한 70년에 출간한 『자연의 신학에 대한 숙고』(*Erwägung zu einer Theologie der Natur*)에 실린 논문 「우연성과 자연법칙」에서 줄곧 관심을 갖고 있던 주제였다.

이처럼 판넨베르크는 이미 60-70년대에 중요한 신학적 주제에 대한 기본적인 착상과 틀, 내용적 깊이를 갖추고 있었고, 이후에는 이를 더욱 심화시키는 작업이 이뤄졌다고 해도 과언이 아닐 듯 싶다. 이런 점에서 이 책의 가치는 크다고 하겠다. 이후 출간된 그의 방대한 저서들에 비하면 작은 책자에 불과하지만, 신학자 판넨베르크가 일생동안 붙잡고 지냈던 중요한 신학적 사유의 단초들이 이 책에 오롯이 담겨 있다. 신론, 계시론, 성령론, 인간론을 비롯하여 자연과학과의 대화, 현실이해, 민족주의의 문제, 당시 독일 정치의 현안과 윤리적 문제에 이르기까지 꽤 광범위한 영역의 주제들이 나열되어 있다.

판넨베르크의 신학은 동료 신학자인 몰트만의 신학과 비교되곤 한다. 이 둘은 모두 전후 시대 독일을 대표하는 세계적인 신학자로서 생일을 맞아 출간되는 기념논문집에 편집자로서, 논문기고자로서 상대방의 신학을 비판적으로 높이 평가하곤 했다. 삼위일체론, 창조론, 성령론, 종말론 등 그동안 다소 간과되고 있던 테마를 중요한 신학적 주제로 되살려냈고 현대적으로 새롭게 이해했다. 무엇보다도 역사를 신학 형성의 중요한 주제로 삼았다는 점에서도 공통점이 있다. 향후 몰트만과 판넨베르크 신학을 상호 비교하면서 이들 사이의 신학적 차이점이 무엇인지 드러내는 논문들이 나올 것이라 기대한다.

번역은 언제나 어렵다. 『몰트만의 자서전』이나 『한스 큉의 유대교』와 같은 두꺼운 책을 다른 교수님들과 함께 번역하면서 독일어의 개념과 구문에 담긴 세밀한 뜻을 우리말로 옮기는 작업이 절대 쉽지 않다는 것을 알고 있었지만, 해산의 고통처럼 새로운 생명이 탄생할 기대와 기쁨으로 인해 종종 망각하는 모양이다. 딱딱한 표현들, 어색한 개념들이 있으리라 생각해, 본 저서에는 없는 옮긴이 주를 덧붙여 독자들에게 자그마한 도움이라도 제공하려고 애썼고, 또한 긴 단락을 나눠 가독성을 높이려 했다. 이 책은 전문신학자들 외에도 그리스도교 신학과 사상에 관심을 두고 있는 분이면 누구나 큰 어려움 없이 읽을 수 있는 내용과 분량으로 구성되어 있다는 점이 장점이다. 아무쪼록 많은 분이 이 책을 읽고 그리스도교 신학의 깊이와 즐거움에 참여할 수 있었으면 한다.

마지막으로 출판업계의 어려움에도 번역서 출간에 선뜻 응해주시고 판권을 위해 독일의 출판사와 판넨베르크 재단에 여러 차례 문의해 주신 종문화사 임용호 대표님에게 진심으로 감사를 드린다. 또한 이미 판넨베르크의 『신학과 철학』 I권과 II권을 출간한 종문화사에서 이 책을 출간할 수 있어 매우 기쁘고 감사하다. 앞으로 널리 읽혀야 할 판넨베르크의 저서들이 계속해서 번역될 수 있으면 좋겠다.

색인

ㅅ

ㅇ

ㅈ

인명

판넨베르크의 신앙과 현실

– 그리스도적 사유를 위한 작은 기여 –

Glaube und Wirklichkeit

초판 인쇄 2022년 2월 25일 / 초판 1쇄 출간 2022년 2월 28일 / 저자 볼프하르트 판넨베르크 / 옮긴이 박영식 / 펴낸이 임용호 / 영업이사 이동호 / 펴낸곳 도서출판 종문화사 / 디자인·편집 디자인오감 / 인쇄 천일문화사 / 제본 영글문화사 / 출판등록 1997년 4월 1일 제22-392 / 주소 서울시 은평구 연서로34길2 3층 / 전화 (02)735-6891 팩스 (02)735-6892 / E-mail jongmhs@hanmail.net / 값 20,000원 / / ISBN 979-11-87141-72-3 93190 / 잘못된 책은 바꾸어 드립니다.